어린이를 위한 뇌과학 프로젝트

기획 **정재승** | 글 **정재은** | 그림 **김현민** | 심리학 자문 **이고은**

아울북

차례

펴내는 글 **6**
<인간 탐구 보고서>를 시작하며

등장인물 소개 **12**

프롤로그 **14**
젤리족들이여, 지구로 날아오라!

에필로그 **140**
동물병원에서의 하루

뇌가 말랑해지는 시간, 15권 미리보기 **145**

1 **복권 당첨의 저주** ········ **22**
지구인은 돈에 중독된다

2 **돈벌이를 찾아서** ········ **38**
지구인의 어리석은 쇼핑 습관
보고서 **77** 돈 앞에서 무너지는 지구인의 이성

3 **일 원장의 인센티브 실패기** ········ **59**
지구인에게 '보상'을 주는 방법
보고서 **78** 지구인에게 보상은 언제나 좋을까?

4 마라톤의 황제 오로라 ········ 75
지구인이 뿌듯함을 느낄 때
보고서 79 적절한 보상은 지구인을 움직인다

5 할머니 삼총사의 여행 ········ 93
세상에 공짜는 없다
보고서 80 돈에 좌지우지되는 지구인들

6 홍실 여사의 칠순 잔치 ········ 111
버는 법도 쓰는 법도 다양한 돈
보고서 81 돈으로 지구인을 행복하게 하는 방법

7 마음이 두근두근 ········ 125

펴내는 글

<인간 탐구 보고서>를 시작하며

다시 새로운 모험이 시작되었네요

아우레 행성에서 온 지구 탐사대 라후드 일당이 인간들을 만나 좌충우돌 우여곡절을 겪으면서 인간을 이해해 가는 모험담이 10권으로 마무리되었고, 이제 새로운 모험이 시작되었습니다. 지금까지 '인간 탐구 보고서'를 아껴 주신 모든 분께 진심으로 감사드립니다. 그리고 새로운 모험을 설레는 마음으로 지켜봐 주실 어린 독자 여러분께 다시 한번 감사드립니다.

지구에 남은 라후드와 오로라 그리고 지구를 독차지하려는 루나에겐 앞으로 어떤 일들이 펼쳐질까요? 아우레로 돌아간 외계인들과 지구인을 우리는 앞으로 영영 보지 못하는 것일까요? 주름을 펴기 위해 샤포이 행성을 찾아 떠난 보스가 어떤 모습이 되었을지 무척 궁금한데, 우리는 다시 그를 볼 수 있을까요? 앞으로 10권 동안 진행될 시즌2에서는 훨씬 더 흥미로운 모험담이 기다리고 있으니 즐겨 주시길 바랍니다.

청소년들에게 '호모 사피엔스 뇌의 경이로움'을 일깨워 주었으면

저는 여전히 어린이와 청소년들이 반드시 알아야 할 학문이 있다면, 그것은 '우리들에 대한 과학'이어야 한다고 생각합니다. 우리 인간이 왜 이렇게 행동하고 생각하는지 '마음의 과학'을 일러 주어야 한다고 말입니다. 어린 시절 우리가 무척 궁금해하고 고민하는 대부분의 것들은 바로 나와 가족, 친구들 그리고 이웃들의 마음에서 비롯된 것들이니까요.

'인간 탐구 보고서'를 통해 여러분들은 외모에 지나치게 신경 쓰고, 무언가를 자주 잊어버리고, 하루에도 몇 번씩 감정의 롤러코스터를 타며, 사춘기의 열병을 앓았던 인간 친구들의 모습을 보았습니다. 엉망진창의 선택을 하고 불안한 마음 때문에 미신인 줄 알면서도 믿고 심지어 거짓말도 곧잘 하는 인간의 모습도 배웠습니다. 라후드 같은 외계인들의 관점에서 바라보니, 인간들을 정말 이해하기 힘든 동물이었지요?

어린이들에게 마음의 과학을

'인간 탐구 보고서'를 통해 여러분들은 '마음을 탐구하는 학문'인 뇌과학과 심리학을 조금씩 배우고 있습니다. 지난 150년간 신경과학자들과 심리학자들은 '인간 뇌가 어떻게 작동하여 마음이란 걸 만들어 내는지' 꽤 많은 걸 밝혀냈는데, 이 책은 여러분들이 이해할 수 있는 언어로 과학자들이 밝혀낸 '인간 마음에 대한 모든 것'을 들려 드리기 위해 썼습니다. 이 책을 통해 나는 누구이며, 우리는 어떤 존재인지, 인간 사회는 왜 이렇게 돌아가는지, 진짜 유익한 지식들을 배워 나가길 바랍니다.

초등학생이었던 저희 딸들도 뇌과학을 이해했으면 좋겠다는 마음으로 처음 '인간 탐구 보고서'를 쓰기 시작하였는데, 이 책은 이제 세상의 모든 아들과 딸들을 위해 '어린이와 청소년들을 위한 뇌과학' 책으로 성장하고 있습니다. 2010년 무렵부터 준비된 이 책이 2019년 처음 세상에 선보인 이래 벌써 10권이나 출간되었다니 마음이 벅차오릅니다. 바라건대, 이 책이 혼란스러운 어린 시절과 고민 많은 사춘기를 관통하게 될 모든 10대들에게 '나에 대한 친절한 가이드북'이 되었으면 합니다. 뇌과학과 심리학이 그들을 유익한 방황과 진지한 성찰로 인도해 주길 소망합니다.

인간의 일상을 낯설게 관찰하기

이 책의 가장 큰 매력은 외계인의 시선으로 인간을 탐구하고 있다

는 것입니다. 아우레 행성으로부터 지구로 찾아온 외계 생명체 아싸, 바바, 오로라, 라후드가 겪게 되는 좌충우돌 모험담이 무척이나 흥미롭지요. 우리 인간들을 물리치고 지구를 점령할지, 인간들과 공존하며 지구에서 함께 살지 알아보기 위해 인간을 탐구하며 보고서를 송신하는 그들은 우리와 어느새 닮아 가고 있습니다.

어린 독자들은 이 책을 펼치면서 외계인의 시선으로 인간을 바라보는 낯선 경험을 하게 됩니다. 아싸와 아우레 탐사대처럼 인간을 관찰한 후 '탐구 보고서'를 아우레 행성으로 보내는 과정에 함께 참여할 것입니다. 이 과정을 통해 어린이와 청소년들이 우리들의 평범하고 당연한 일상을 낯설게 바라보는 경험을 하게 되길 바랍니다. 마치 우리가 곤충을 관찰하고 기록 일기를 쓰듯이, 인간의 일상을 관찰하고 탐구 보고서를 쓰면서 우리를 돌아보길 희망합니다.

인간이라는 사랑스럽고 경이로운 생명체

저는 이 책을 읽으면서 어린 독자들이 우리 인간들을 비로소 '이해'하고 덕분에 더욱 '사랑'하게 되리라 확신합니다. 외계 생명체 라후드처럼 '인간은 정말 이해 못 할 이상한 동물'이라고 여겼다가, 우리들을 더욱 이해하게 될 것입니다. 아싸와 아우레 탐사대가 그렇듯, 우리 어린이들도 이 책과 함께 인간 존재의 신비로움을 깨닫게 될 것입니다. 그러면서 결국 외계 생명체 아우린들이 '인간이 얼마나 사랑할 만한 존재'인지 알아주었으면 합니다. 때론 감정적이고 비합리적이며 종종 충동적이고 가끔 폭력적이기까지 한 존재이지만, 인간 내면의 실체를 알게 되었을 때, 우리 호모 사피엔스가 얼마나 사랑스러운 존재인지 깨달았으면 좋겠습니다. 아우레 행성의 외계 생명체들이 제발 우리를 지배하려 하지 말고, 우리 인간들의 사랑스러운 매력에 빠져주길 바랍니다. 무엇보다도, 인간의 뇌는 이성과 감성이라는 두 말이 이끄는 쌍두마차로서, 우리가 사는 세상을 좀 더 근사한 곳으로 만들기 위해 끊임없이 애쓰는 경이로운 기관임을 아우린들과 어린 독자들이 알아주었으면 합니다.

인간의 숲으로 도전적인 탐험을!

인간이 어떤 존재인지 모두 알게 되는 그날까지, 라후드와 아우레 탐사대의 '인간 탐구 보고서'는 계속될 것입니다. 호모 사피엔스의 뇌가 가진 경이로운 능력, 사랑스러운 매력이 외계 생명체들에게 충분히 이해될 때까지 보고서는 결코 멈추지 않을 것입니다. 그 과정에서 우리 어린 독자들 또한 인간에 대한 이해가 더욱 깊어지겠지요? 외계

생명체 아우린들이 흥미롭게 써 내려간 '인간 탐구 보고서'에서 어린이들과 청소년들이 나를 발견하는 놀라운 경험을 하게 되길 진심으로 기대합니다. '인간 탐구 보고서'는 지구를 지배하기 위해 아우레 행성의 정복자들이 작성한 무시무시한 보고서가 아니라, 인간이라는 숲을 탐색하는 외계 탐험가의 애정 어린 편지이니까요.

자, 이제 다시 한번 외계인의 마음으로 인간 탐험을 흥미롭게 즐겨 주시길!

정재승 (KAIST 뇌인지과학과+융합인재학부 교수)

등장인물

오로라

생활고에 시달리는 지구 탐사대장.
귀환 우주선을 기다리다가, 절대
좋아할 수 없을 줄 알았던 지구 생활에서
유일하게 행복감을 느끼는 일을 찾는다.

라후드

아우레 유일의 지구 문명 전문가.
지구에서의 일이라면 전부 재미있을 줄
알았는데, 지구 문명 전문가도 예상
못 한 지구의 현실이 들이닥친다.

도됴리

호리호리 행성의 천방지축 아로리인.
아우린들과 함께 지구 생활을 시작했다.
쾌활한 성격으로 지구인들과 친해지지만,
호기심이 많은 탓에 문제에 휘말리기 일쑤!

루나

낮에는 고양이, 밤에는 외계인.
지구를 정복하겠다는 의지 하나로
숨어 지내는 젤리족 외계인.
루나의 지구 정복 계획은 성공할까?

일원장

더 많은 학생을 모으고 싶고,
자신의 아이들도 말을 더 잘 들었으면 하는
일등학원의 원장. 생각지도 못한
인물에게서 교훈을 얻는다.

퐁실여사

친구들과의 우정 여행을
계획하고 있는 하나의 할머니.
여행에서 돌아온 뒤,
친구의 놀라운 비밀을 알게 된다.

루이

동생을 잘 돌보고 자신의 꿈도
이루고 싶은 웹툰 작가 지망생.
텅텅 빈 지갑만 억울하게 바라보던 그에게
뜻밖의 행운이 찾아온다.

대호

요즘 들어 공부도, 친구들과 노는 것도
재미있는 중학생 지구인.
마음을 설레게 하는 사건이
또 일어나 버렸다.

프롤로그

젤리족들이여,
지구로 날아오라!

지구에는 두 종류의 인간들이 살고 있다. 외계인의 침략을 두려워하는 자와 외계인을 반기는 자. 두 종류의 인간은 각자 다른 이유로 외계인을 찾고 싶어 한다.

하지만 인간들은 외계인을 좀처럼 찾아내지 못한다. 외계인들은 인간의 모습을 하고 그들 사이에 교묘히 섞여 있기 때문이다. 오로라와 라후드, 호리호리 행성의 도됴리…….

그리고 아우레 행성의 배신자 루나처럼.

젤리족 아우린인 루나는 아우레의 지도부 출신이면서도 행성의 결정을 거부하고 혼자 지구에 남았다. 지구 정복을 계획하기 위해서 말이다. 루나는 지구 어딘가에 숨어, 우주에 뿔뿔이 흩어진 젤리족들을 모으는 중이다.

여러 행성에 흩어져 살던 젤리족들은 루나의 말에 즉시 움직였다. 용감한 몇몇 젤리족들은 아우레 행성에 은밀히 침투하여 감옥에 갇힌 젤리족을 구하러 나섰다.

다른 젤리족들도 날쌔게 움직였다. 그들은 젤리 부대를 싣고 지구로 날아갈 웜홀 우주 비행선을 훔치러 출동했다.

루나가 따로 섭외한 대형 비밀 병기도 지구로 날아오고 있었다. 루나의 기대와는 달리 매우 천천히…….

웜홀 우주선 무기한 지연

"루나 회장님, 오래 기다려…."

루나의 지구 정복 계획은 착착 어그러지고 있었다. 문제는 지구에 있는 루나가 그 사실을 전혀 모른다는 것! 루나의 충직한 부하 스피는 직접 지구로 날아가 젤리족들의 상황을 알리기로 했다.

"루나 회장님, 스피가 간다. 조금만 기다려."

우주의 사정을 전혀 모르는 루나는 오늘도 지구에서 성실하게 아우린들을 지켜보는 중이다. 하지만 아우린들보다 더 눈여겨봐야 하는 존재가 생겼으니, 바로 검은 양복을 만나 비밀 대화를 나눈 편의점 아르바이트생 루이였다. 검은 양복과의 비밀 대화 이후, 루이는 허겁지겁 이사를 결심했다.

'비밀 요원, 비밀 대화, 비밀 이사……. 루이가 수상하다. 루이를 추적한다.'

루나는 루이에 대한 판단을 끝냈다.

눈물을 머금고 동네를 떠나는 루이네 이사 트럭을 고양이 루나는 전속력으로 쫓아갔다.

복권 당첨의 저주

지구인은 돈에 중독된다

편의점을 나오는 루이의 어깨가 축 처졌다.

루이는 최근에 기분이 참 좋았다. 생선파들과 몰려다니며 놀기만 하던 대호가 공부를 시작했기 때문이다.

"맹모삼천지교라더니, 학원 건물로 이사 와서 그런가?"

수상한 일에 쫓겨 내린 결정이었지만, 어쨌든 루이는 이사를 한 자신을 칭찬했다. 돌아가신 부모님께도 형 노릇을 잘했다고 당당하게 말할 수 있을 것 같아 뿌듯했다. 하지만 기쁨도 잠시, 무거운 걱정이 루이의 어깨를 짓눌렀다.

대호의 학원비가 문제였다. 한두 과목만 다니면 좋으련만, 대호는 국어, 영어, 수학, 사회, 과학까지 무려 다섯 과목이나 학원을 다니겠단다. 다섯 과목 모두 실력이 부족했기 때문이었다.

덕분에 학원비가 말도 못하게 많이 많이 들었다. 요즘 루이는 돈도 잘 못 버는데 말이다.

그래서 또 편의점 아르바이트에 도전했건만, 가는 곳마다 벌써 사람을 뽑았다니. 루이는 절로 한숨이 나왔다.

"어휴, 돈을 어떻게 벌지? 빨리, 많이 벌고 싶은데."

루이는 편의점 앞에 서서 주변을 휙 둘러보았다. 건물도, 가게도, 아파트도, 좋은 차도 많았다.

"라후드 씨, 돈을 많이 벌려면 뭘 해야 할까요?"

지구에 와서 '돈'이라는 걸 처음 본 외계인이 돈을 많이 벌 방법을 알 리가 없었다. 라후드는 고개를 절레절레 저었다. 루이가 갑자기 눈을 반짝이며 물었다.

"아, 복권을 살까요?"

"아니요. 복권은 돈을 가장 빨리 잃는 방법 중 하나예요."

라후드가 대답했다. 복권도 지구에 와서 처음 봤지만, 1등 당첨 확률이 지구에서 벼락 맞을 확률보다 낮다는 건 안다.

하지만 루이는 라후드의 충고를 듣지 않았다. 바로 편의점으로 다시 들어가 호기롭게 5천 원짜리 지폐를 턱 내밀었다.

"사장님, 복권 다섯 장이요."

3등에 당첨됐다는 기쁨도 잠시, 대호는 금방 시무룩해졌다.

"집도 차도 못 산다고? 복권이 뭐 그래?"

루이는 머리를 긁적이며 대답했다.

"하하……, 그래도 새 핸드폰은 살 수 있어."

대호의 얼굴에 다시 화색이 돌았다.

"나, 새 핸드폰이면 충분해. 당장 당첨금 타러 가자~!"

"안 돼. 은행 문 여는 월요일까지 기다려야지."

루이는 라후드와 오로라, 도됴리까지 초대하여 축하 파티를 열었다. 난생처음 가 보는 고급 레스토랑에서 이름도 읽기 어려운 메뉴들을 주문했다.

예전의 루이는 지독한 알뜰족이었다. 500원짜리 동전도 아까워서 벌벌 떨며 허투루 쓰지 않았다. 아무리 적은 돈이라도 쓰고 나면 후회했고, 꼭 써야 할 돈도 아끼고 아낄수록 기분이 좋았다.

그런데 한번 돈을 쓰기 시작하자 루이는 전혀 다른 사람이 된 것 같았다. 평소에는 비싸서 거의 가지 않는 백화점에서 쇼핑도 했다. 아직 복권 당첨금은 한 푼도 받지 않았는데, 신용 카드를 마음껏 긁었다.

돈은 쓰면 쓸수록 기분이 좋았다. 가격도 물어보지 않고 척척 골라 카드로 결제하니 쾌감이 느껴졌다. 자신이 엄청나게 대단한 사람이 된 것 같았다. 루이는 한 번도 안 사 본 명품에도 눈독을 들였다.

월요일 아침 루이와 대호는 은행이 문을 열자마자 당첨금을 찾으러 갔다.

루이는 부푼 기대를 안고 복권을 내밀었다. 심장이 콩닥콩닥 뛰었다. 은행 직원은 활짝 웃으며 낭랑한 목소리로 루이와 대호에게 축하 인사를 했다.

루이는 떨리는 손으로 카드 사용 내역을 확인했다. 신용 카드로 긁을 땐 몰랐는데, 다 합쳐 놓고 보니 사용한 금액이 생각보다 훨씬 더 많았다.

"달기만 한 디저트는 왜 먹고 명품 점퍼는 왜 샀어! 이 카드값을 어떻게 다 갚아. 망했어! 복권 당첨 전보다 더 가난해졌다고~!"

루이는 엉엉 울고 싶었다. 카드값 무서운 줄 모르고 돈을 펑펑 쓴 지난 주말이 후회됐다.

"걱정하지 마, 형. 어제 산 거 환불하면 될 거야. 나는 포장도 안 뜯었어. 어쩐지 내 물건 같지 않더라고……."

대호가 어른스럽게 루이를 달랬다. 망연자실한 루이는 힘없이 고개를 끄덕였다.

며칠 사이에 루이는 볼이 홀쭉해지고 머리숱도 푹 꺼졌다. 주말 동안 샀던 물건들을 전부 환불받으러 다녔기 때문이다. 라후드는 집 앞에서 루이를 보고 깜짝 놀랐다.

"루이 씨, 얼굴이 핼쑥해졌어요. 무슨 일 있었어요?"

루이는 한숨을 푹 쉬며 돈에 눈이 멀어 돈을 펑펑 쓰고 다녔던 지난 주말의 일을 라후드에게 털어놓았다. 그 이야기를 하자 또 후회가 밀려오고 머리가 어질어질했다.

"형은 정말 제정신이 아닌 것 같았어."

옆에 있던 대호가 그렇게 말하자 루이가 씁쓸하게 웃었다.

"그래도 거의 다 환불받은 끝에 5만 원 남았으니까, 결과적으로 손해는 안 봤어요, 하하……."

볼살과 머리카락을 잃었으니 루이는 손해를 본 게 맞았다. 하지만 그 사실을 지적해 봤자 루이의 마음만 아플 뿐이었다.

"이제라도 돈을 잘 쓰면 되지요."

"네, 그래서 남은 5만 원을 어떻게 쓰면 좋을지 고민 중이었어요. 라후드 씨 같으면 어떻게 쓰겠어요?"

라후드가 고민하는 사이 루이가 손뼉을 짝 치며 소리쳤다.

"결정했어요! 5만 원으로 복권을 살래요. 이번에는 바로 결과를 확인할 수 있게 긁는 복권으로! 복권 다섯 장을 사서 당첨되었으니까, 50장을 사면 당첨 확률이 열 배는 높아지겠죠?"

라후드와 대호가 말리려 했지만, 이미 5만 원을 들고 복권을 사러 가 버린 루이에게는 어떤 말도 들리지 않았다.

2
돈벌이를 찾아서

지구인의 어리석은 쇼핑 습관

"쿠르르섬에서 멍때리기를 배워 두길 정말 잘했어."

라후드가 임시 본부의 소파에서 빈둥거리며 말했다. 오로라도 라후드에게 특별한 지시를 내리지 않았다. 도됴리의 웜홀 안테나 덕분에 무사히 통신을 보냈으니, 아우레 탐사대가 지구에서 더 수행할 임무가 없었다. 귀환 우주선이 올 때까지 임시 본부에서 안전하게 기다리기만 하면 된다.

지구에 궁금한 것이 많은 도됴리만 부지런히 이곳저곳을 쏘다녔다. 도됴리는 밖에 나갔다 올 때마다 마음에 드는 물건을 하나씩 가져왔다.

　옥상에 도착한 라후드는 도됴리에게 웜홀 안테나를 달라고 말했다. 뭐가 문제인지 모르는 도됴리는 순순히 안테나를 뽑아 라후드에게 건네줬다. 도됴리의 안테나를 통신 장치에 꽂자 우웅우웅 지구인에게는 들리지 않는 매우 낮은 저주파음이 울렸다. 드디어 아우레에서 통신이 온 것이다.

아우레로 돌아가면 지구의 멍때리기를 전파하려 했는데, 다 틀렸다. 라후드는 한숨을 푹 쉬었다.

"지구에 있으려면 돈이 필요하잖아. 돈 벌기 힘든데……."

"돈 필요해? 내가 가져다줄게. 분수대에서 동전을 가져오면 된다!"

도됴리의 말에 라후드와 오로라는 동시에 급히 손을 내저었다. 도됴리가 계속 동전을 훔쳐 오면 아우레보다 지구 경찰서에 가는 게 먼저일 것이다.

"지구에서는 어른들이 돈을 번다."

"도됴리의 지구인 슈트는 어린이니까 학교나 다녀."

도됴리는 학교 구경을 하겠다며 또 뛰쳐나갔다. 오로라와 라후드는 또 돈을 벌 생각에 걱정이 많았다. 그때 번뜩, 라후드에게 어떤 생각이 떠올랐다.

"근데 '모든 편의를 봐주겠다'가 무슨 뜻이냐? 보스가 황금 열쇠를 줄 때 지구에서 지내는 동안 모든 편의를 봐주겠다고 했다."

"그건 지구에서 생활하는 데 아무 불편 없이 편하게 지내게 해 주겠다는 뜻이다."

"그럼 혹시 보스가 임시 본부 안에 돈을 숨겨 놓지 않았을까? 지구에서 불편이 없으려면 돈이 있어야 한다."

오로라와 라후드는 집 안을 샅샅이 뒤져 보았다. 욕실 천장, 거실 바닥, 방에 있는 옷장까지. 하지만 돈은 찾을 수 없었다.

사실 보스는 거짓말을 한 게 아니다. 라후드가 지구에 있는 동안 필요한 모든 것을 다 제공해 주겠다는 말은 진심이었다.

돈도 필요한 만큼 전부 줄 생각이었다. 검은 양복을 통해서 말이다. 그래서 검은 양복에게 라후드를 유심히 살펴보라고 한 것이다.

하지만 검은 양복이 갑자기 출장을 가는 바람에 라후드는 보스가 준비해 놓은 편의를 제공받지 못했다.

어쩔 수 없이 오로라와 라후드는 일자리를 구하러 집 밖으로 나갔다. 마침 이웃 동네 시장에 시간제 일자리가 있었다.

시장은 물건을 사러 온 사람, 맛있는 것을 먹으러 온 사람, 축제를 구경하러 온 사람들로 북적북적했다. 오로라는 곧장 앞만 보고 걸었지만, 라후드는 흥겨운 소리를 따라 이리저리 고개를 돌리며 눈으로나마 축제를 구경했다. 그러다 낯익은 얼굴이 눈에 들어왔다.

"앗, 정 박사님!"

"라후드 씨!"

정 박사를 보자 루이를 다시 만났을 때만큼 반가웠다. 라후드는 빠른 걸음으로 정 박사가 있는 곳으로 발길을 옮겼다.

　오로라의 목적은 돈을 버는 것. 그렇다면 정 박사의 실험을 돕는 것은 일탈이 아니었다. 오로라와 라우드는 정 박사의 실험에 참여하기로 했다.

　'돈을 쉽게 벌 수 있다'는 소문을 듣고 귀가 번쩍 뜨인 짠순이 짠지 여사와 루이도 실험에 동참했다.

　넷은 정 박사를 따라나섰다.

정 박사는 먼저 작은 테이블에 라후드와 루이를 마주 보고 앉게 했다. 테이블 위에는 만 원짜리 지폐 열 장이 놓여 있었다. 정 박사는 그 돈을 라후드에게 건넸다.

"여기 10만 원을 라후드 씨께 드릴게요. 이제 그 돈을 루이 씨에게 나눠 주세요."

"오, 진짜요? 제가 다 가져도 돼요?"

"네, 그럼요. 하지만 루이 씨가 거부하면 둘 다 못 갖습니다."

이번에 정 박사는 짠지 여사에게 10만 원을 주었다. 짠지 여사는 제 손에 들어온 돈은 밖으로 내보내지 않는 소문난 구두쇠였다. 짠지 여사는 손안에 들어온 10만 원을 단 한 장도 놓치고 싶지 않았다. 하지만 오로라에게 너무 조금 나눠 줬다가 오로라가 거부하면 단 한 푼도 받을 수 없으니 잘 생각해야 했다.

짠지 여사는 고민을 거듭한 끝에, 오로라에게 4만 원을 나누어 주었다.

이윽고 오로라는 아르바이트를 하기로 한 옷 가게에 도착했다. 주인은 가게 창문에 '축제 기념 60% 할인'이라는 표시를 크게 붙이고 있었다.

"축제 기간 동안 60퍼센트 할인 판매할 거예요. 그러니까 할인된 가격으로 가격표를 다시 붙여 주세요. 여기, 계산기로 정확하게 계산해서요."

"알았습니다."

오로라는 계산기도 없이 할인된 가격을 척척 붙였다.

"원래 귀하고 비싼 옷을 싸게 사는 느낌을 줘야 사람들이 옷을 많이 산다고요. 돈을 쓰면서도 버는 것 같잖아요."

싸게 사는 것 같은 느낌은 느낌일 뿐이다.

"돈을 쓰는데 어떻게 버는 것 같지요? 이성이 있는 존재라면 그런 생각은 안 합니다."

이성적인 오로라는 고개를 절레절레 흔들었다.

"오로라 씨는 사람 마음을 너무 모르네. 나중에라도 장사는 하지 말아요."

사람 마음은 모르지만 일은 잘하는 오로라는 주인 말대로 원래 가격과 할인된 가격이 모두 보이도록 가격표를 고쳤다.

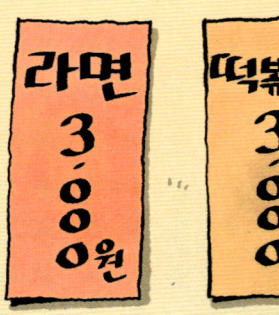
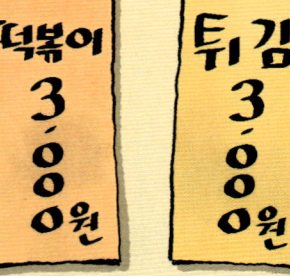

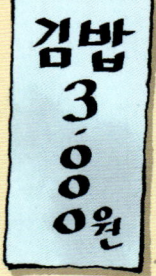

　　라후드는 분식집에서 아르바이트를 시작했다. 음식점은 지구 음식을 좋아하는 라후드에게 딱 맞는 일자리였다.

　　"라면, 떡볶이, 튀김, 순대, 김밥……. 와, 제가 좋아하는 메뉴가 다 있어요!"

　　라후드는 벽에 붙은 메뉴판만 봐도 기분이 좋았다.

　　"분식 좋아하면 일 끝나고 먹고 가요~."

　　인심 좋은 분식집 사장님 말에 기분이 더 좋아졌다. 라후드는 일하고 싶은 의욕이 마구 솟아올랐다.

　　"좋아요! 뭐부터 할까요?"

　　"축제 기간 동안 메뉴 가격을 내렸어요. 새 메뉴판을 붙여 주실래요?"

얼마 뒤 짠지 여사가 분식집에 들어왔다. 돈을 허투루 쓰는 법이 없는 짠지 여사는 집에서 만들 수 있는 라면, 떡볶이, 김밥은 평생 단 한 번도 사 먹어 본 적이 없었다. 하지만 순대는 거의 매일 사 먹었다. 제일 좋아하는 음식이기도 하고, 순대는 직접 만들어 먹는 것보다 사 먹는 게 더 쌌기 때문이다.

"여기 순대 1인분 줘요."

라후드는 김이 펄펄 나는 찜통에서 윤기 나는 순대를 꺼내 송송 썰었다. 맛있는 냄새가 코를 찔렀다. 당장 한 점 집어 먹고 싶었지만, 라후드는 아우린의 높은 이성으로 꾹 참았다.

짠지 여사가 50년 된 지갑에서 천 원짜리 지폐를 꺼내다가 버럭 소리를 질렀다.

짠지 여사가 펄펄 뛰자, 주방에서 음식을 만들던 분식집 주인이 뛰쳐나왔다.

"아휴, 짠지 여사님, 날마다 3천 원 내고 드셨으면서 오늘은 새삼스럽게 왜 그러세요?"

"비싸졌으니까 그러죠. 비싸졌다고요."

짠지 여사는 화를 내면서 그냥 가게 밖으로 나가 버렸다.

"순대는 10년째 3천 원이에요. 안 비싸졌다고요……."

억울한 분식집 주인이 짠지 여사의 뒷모습을 바라보며 중얼거렸다.

라후드는 아직도 김이 나는 따뜻한 순대를 보며 말했다.

"이미 썰어 놓은 순대를 다른 사람에게 팔 수도 없고……."

"그건 그렇죠. 라후드 씨 먹어요."

주인의 말이 끝나기도 전에 라후드는 순대를 답삭답삭 집어 입안에 넣었다. 짠지 여사가 순대 가격을 비이성적으로 생각한 덕분에 라후드만 행복해졌다.

"다른 지구인들도 짠지 여사처럼 가격을 비이성적으로 보면 좋겠다. 그럼 또 먹을 수 있을 텐데……."

라후드가 맛있는 순대를 꿀꺽 삼키며 중얼거렸다.

라후드는 잘 몰랐지만, 지구에는 돈을 비이성적으로 쓰는 사람이 아주 많았다. 사실 거의 모든 지구인이 그랬다.

돈 앞에서 무너지는 지구인의 이성

작성자: 오로라

★ 아직 아우레에서 귀환 우주선을 보내 주지 않음. 보스는 지구 생활에 필요한 모든 편의를 봐준다더니 지구 생활에 가장 필요한 돈은 두고 가지 않음. 보스 저택 1831호를 샅샅이 뒤졌지만 돈은 찾을 수 없었음.

★ 지구인들은 축제가 있는 곳이라면 어디든 바글바글 모여듦. 음악 축제, 미술 축제, 먹거리 축제 등 축제의 종류도 매우 다양함. 그러고도 모자라 온갖 기념일을 만들어 그걸 명분으로 더 많은 축제를 엶. 지구인들만큼 라후드도 축제를 좋아함. 지구인들이 몰리는 곳은 위험하다는 것을 알면서도 라후드는 또 축제를 찾아 나섰음.

★ 지구는 매우 작은 행성이 분명함. 다른 동네로 이동했음에도 지난번 동네의 정 박사를 다시 마주침. 소스라치게 놀란 아우린과 달리 정 박사는 이 상황을 매우 당연시함. 지구인들에게는 흔한 일인 것 같음.

★ 그래도 정 박사 덕분에 돈을 벌 수 있었음. 복권보다 훨씬 쉽게 돈을 벌 기회인데 루이는 이런 기회를 어리석게 포기함. 안 그래도 비이성적인 지구인들이 돈 앞에서는 더 비이성적이 되는 것 같음.

중독에 중독되는 지구인들

- 유혹에 약한 지구인들은 갖가지 것에 중독됨. 술, 마약, 담배뿐만 아니라 마라탕, 탕후루, 게임, 영상, SNS 등 종류도 다양함. 매번 돈을 날리면서도 복권 구매에 중독된 지구인도 있음.
- 지구인은 즐거움을 느낀 행동을 계속하고 싶어 하는데, 그것이 자주 반복되면 중독으로 이어질 수 있음. 지구인이 도박을 할 때, 많은 돈을 한꺼번에 딸 수도 있다는 기대 심리가 도파민을 분비시켜 큰 쾌감을 느끼게 함. 그리고 돈을 많이 땄을 때 느낀 강렬한 쾌감이 기억을 저장하는 변연계의 회로를 활성화시켜, 이때 각인된 즐거움이 시간이 지나도 자꾸 떠올라 지구인을 도박으로 이끎.
- 지구인들이 짧은꼬리원숭이를 대상으로 '안전한 불빛'을 선택하면 일정한 양의 주스를 주고, '위험한 불빛'을 선택하면 주스를 많이 주다가 점점 적게 주는 실험을 해 보았음. 처음에 위험한 불빛을 선택해 주스를 많이 받은 원숭이들은 주스 양이 점점 줄어들어도 계속해서 위험한 불빛을 선택함. 비이성적인 건 지구인들이나 지구 동물들이나 똑같음.

돈 앞에서 비이성적인 지구인들

- 지구인들은 돈 쓰는 것을 좋아하면서도 싫어함. 소비에 대한 지구인들의 비이성적인 판단 기준은 '보고서 55'에서 다룬 바 있음. 돈을 쓰기 싫으면 안 쓰면 될 텐데, 지구에서 살아 보니 지구 생활은 필요한 것이 너무 많음.
- 게다가 각종 광고들이 지구인의 소비를 부추김. 집에서 틀어 놓는 TV, 학교나 회사로 가는 버스 안, 습관적으로 보는 인터넷, 길거리, 엘리베이터 등 지구인들의 눈길이 닿는 곳 어디에서나 광고를 볼 수 있음. 물건을 봤을 때 쾌감을 느끼는 '대뇌 측좌핵'을 광고가 반복해서 자극하면 충동구매를 하게 됨.

어제 TV 보는 데 예쁜 게 너무 많았지 뭐야~.

- 싸지 않은 물건을 싸다고 생각해서 구매하는 지구인들도 많음. 가격표에 할인 스티커가 붙어 있거나 마트에서 '1+1' 행사를 하거나 증정품을 줄 때, 지구인들은 돈을 쓰면서도 오히려 번다고 착각함. 지구인이 물건을 사고 싶게 하는 쾌락의 중추인 '대뇌 측좌핵'과 가격표를 보고 고통을 느끼는 '뇌섬엽'이 갈등하다가도 할인 가격을 보면 '합리적인 소비'를 한다고 느끼는 것임.

신용 카드는 소비의 고통을 줄인다

- 지출의 고통을 해결하기 위해 지구인들은 놀라운 발명품을 만들었음. 바로 신용 카드. 신용 카드로 물건을 사면 즉각 돈을 지출하지 않고 일정 기간 이후 몰아서 내게 됨. 이 경우 지구인의 뇌는 물건을 살 때 구매와 결제를 분리해서 생각해, 뇌섬엽이 느끼는 지출의 고통이 무뎌짐. 문제는 그 고통이 지나치게 무뎌져 현금을 쓸 때보다 신용 카드를 쓸 때 돈을 더 많이 쓰고 만다는 것.

- 한 연구에서는 실험 참가자들이 온라인 쇼핑몰에서 다양한 물건을 장바구니에 넣고 현금이나 신용 카드로 결제할 수 있게 함. 이때 참가자들의 뇌를 관찰했는데, 신용 카드로 결제할 때 지구인의 뇌에서 보상, 쾌락, 중독과 관련된 영역인 '선조체'가 활성화됨. 이것이 지구인을 현금으로 살 때보다 더 비싼 물건을 사고 싶게 만듦. 즉, 신용 카드를 쓸 때 느낀 쾌락을 기억한 뇌가 소비를 부추긴 것. 지구인의 신용 카드는 이렇게 위험하니 아우린은 절대 손에 넣지 말 것.

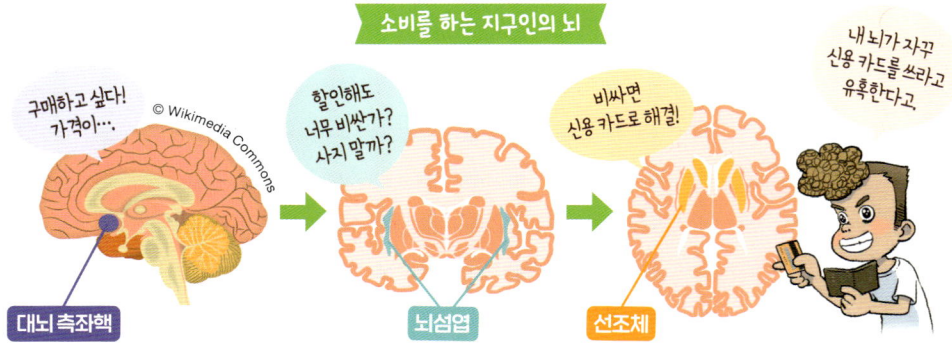

3

일 원장의 인센티브 실패기

지구인에게 '보상'을 주는 방법

 일등학원 건너편에 새 학원이 생겼다. '에이플러스학원'이라는 간판이 유난히 빛났다. 개원한 지 한 달밖에 안 됐는데 학생 수가 꽤 많아 보였다. 심지어 일등학원에서 옮겨 간 학생도 있었다. 일 원장은 자존심이 팍 상했다.

 "그래도 내가 더 잘 가르쳐."

 일 원장은 창문을 탁 닫았다.

마침 6학년 우등준비 반 아이들이 깔깔깔 떠들며 뛰어 들어왔다. 공부만 빼면 세상 즐거운 귀염둥이들이었다.

"원장 쌤!"

"네, 미래의 우등 반 친구들. 무슨 일이에요?"

일 원장은 상냥한 목소리로, 아들 최고의 말에 따르면 '가식적인' 목소리로 대답했다.

"우리 학원은 왜 상품권 안 줘요?"

새로운 것을 배우고 숙제를 통해 배운 것을 익히는 일이 학원의 기본이건만, 이 당연한 일에 웬 상품권을…….

'줄 수도 있지.'

일 원장은 고개를 끄덕였다.

말을 잘 달리게 하려면 채찍과 당근 모두 중요하다. 일 원장은 아이들에게 당근 정책을 쓰기로 했다. 바로 상품권으로!

그날 저녁 일 원장은 학원 자습실에 갔다가 깜짝 놀랐다. 일등학원 자습실은 늘 열려 있지만 이용하는 학생들은 그다지 많지 않았다. 그런데 상품권 이벤트 덕분인가? 그날따라 자습실에 남아서 숙제를 하는 학생들이 많았다. 자습실을 멀리하던 우등준비 반 아이들까지 자리를 채웠다.

상품권 이벤트는 성공적이었다. 숙제를 해 오는 학생들의 비율이 월등히 높아졌다. 이제 학생들의 실력이 쑥쑥 오를 일만 남았다. 공부는 정직해서 노력하는 만큼 실력이 늘 수밖에 없으니까.

"역시 동기 부여하는 데는 돈이 최고인가? 그렇다면……."

> **일등학원
> 친구 추천 이벤트**
>
> 친구와 함께 공부하면
> 공부가 더 잘된대~.
>
> - 친구 한 명 데려오면:
>   문화 상품권 1장
> - 친구 두 명 데려오면:
>   문화 상품권 2장

일 원장은 친구 추천 이벤트까지는 하고 싶지 않았다. 학원은 실력으로 승부해야 한다는 자존심 때문이었다. 하지만 에이플러스학원에서 하는 친구 추천 이벤트 때문에 일등학원을 잘 다니던 학생들을 뺏기자 기분이 상했다.

"뺏긴 만큼 뺏어 와야지."

친구 추천 이벤트를 시작한 지 얼마 되지 않아 일등학원도 학원생이 조금 늘었다.

일 원장은 상품권 정책에 푹 빠져 버렸다. 돈으로 학생들을 꾄다는 점이 살짝 불편했지만, 공부를 잘하면 일 원장만 좋은가? 부모님들은 물론이고, 학생들에게 가장 좋은 일 아닌가!

일 원장은 돈을 이용한 각종 동기 부여 방법을 생각했다.

"기말고사 전교 1등은 학원비 면제? 점수가 20점 이상 오르면 장학금 주기?"

곧 각종 상품권 정책 포스터가 일등학원 벽면을 가득 메웠고, 학원은 학생들로 북적거렸다.

"학원생들이 너무 많아져서 학원 건물 세우는 거 아니야~?"

일 원장은 행복한 상상을 하며 집으로 향했다. 하지만 집에 들어가자마자 좋았던 기분이 와장창 깨지고 말았다. 집 안은 엉망진창으로 어질러져 있었다. 현관에는 신발이 뒤엉켜 있고, 거실에는 벗어 놓은 옷과 먹고 버린 과자 봉지가 널려 있었다. 탁자 위에는 만화책이 엎어져 있고, 식탁에는 설거지를 하지 않은 그릇들이 방치되어 있었다.

"하나야, 최고야, 집 안 꼴이 이게 뭐니?"

자기 방에 있던 하나와 최고가 재빨리 나와서 엄마 눈치를 살폈다. 일 원장은 잔소리를 쏟아 냈다.

"엄마가 온종일 일하고 왔는데 집 안이 이 모양이면 기분이 어떻겠니? 자기가 어지른 것은 스스로 치워야지. 집안일은 엄마 혼자 하는 게 아니야. 같이 하는 거지, 안 그래?"

하나와 최고는 그제야 과자 봉지와 벗어 놓은 옷 등을 치우기 시작했다. 일 원장은 한숨을 내쉬었다. 함께 사는 집이니까 집안일도 함께 해야 한다고 입이 닳도록 말했건만, 아이들은 잔소리를 할 때까지 이렇게 집안일을 미루곤 했다.

'일일이 말하지 않아도 집안일을 잘하게 만들 방법이 없을까? 아, 역시 돈으로……?'

일 원장은 학원에서 성공한 상품권 정책을 집에도 적용하기로 했다.

　며칠 동안 하나와 최고는 청소와 설거지 등 집안일을 열심히 했다. 아니, 돈을 열심히 벌었다. 집 안이 깨끗해질수록 하나와 최고의 주머니도 두둑해졌다. 집도 깨끗해지고 아이들은 돈도 벌고, 일석이조였다.

　'역시 사람을 움직이는 건 돈이군!'

　일 원장은 반짝이는 집을 보며 흐뭇해했다.

　재활용품 수거하는 일은 일 원장네 가족의 작은 행사였다. 매주 수요일, 셋이 모두 모여 상자와 페트병을 산더미같이 쌓아 아슬아슬하게 들고 내려가 버리고, 집에 돌아올 때는 아이스크림을 하나씩 사서 물고 돌아왔다. 깔깔거리고 시시덕거리면서 즐겁게.

　그런데 아이들이 갑자기 변했다.

집안일에 값을 매기기 전, 하나와 최고는 당연하게 집안일을 했다. 가끔 빼먹기는 했지만 그럴 때도 할 일을 잠시 미루는 거였지 이렇게 당당하게 남의 일 보듯 한 적은 없었다.

'학원 상품권 이벤트는 잘됐는데, 우리 집은 왜 이러지?'

일 원장은 머리가 지끈지끈 아파 왔다.

한 달 뒤, 일등학원 학생 85퍼센트가 숙제 상품권을 받았다. 겨우 문화 상품권 한두 장이냐고 불평하던 고학년 학생들까지 열심히 숙제를 한 덕분이었다.

그런데 시간이 갈수록 일 원장은 이상한 느낌이 들었다. 숙제를 열심히 해 와도 학생들의 실력은 그대로인 것 같았다.

"답안지를 베꼈을 리도 없고……."

혹시나 하는 마음에 일 원장은 아이들의 숙제를 하나하나 다시 점검했다.

결과는 참담했다. 많은 아이들이 숙제를 제대로 하지 않았다. 대부분이 인터넷에서 답을 찾아보거나 다른 친구의 숙제를 보고 베낀 것이었다.

"문화 상품권을 타기 위해 거짓말을 하다니, 실망입니다."

일 원장은 상품권 정책을 없애기로 했다.

그러자 정말로 열심히 숙제를 해서 상품권을 탔던 아이들이 서운해했다.

"원장님 거짓말쟁이. 다음 달에 상품권 받으면 어디에 쓸지 벌써 계획했는데……."

실망한 아이들 중 학원을 그만두는 아이들도 생겼다.

일 원장은 머리가 더 아팠다. 학원도 집도 돈으로 동기 부여하려던 계획은 엉망진창이 되고 말았다.

"돈을 줘도 안 할 애들은 안 하고, 돈을 안 줘도 할 애들은 하는 거야. 애초에 돈으로 동기 부여를 한다는 생각 자체가 잘못된 것일까?"

일 원장은 중얼거리며 학원 복도를 거닐었다. 얼마 전까지만 해도 아이들로 가득했던 자습실에 이제는 아무도 없었다. 일 원장은 텅 빈 자습실 불을 탁 껐다.

"여기 사람 있어요."

안쪽에서 누군가가 벌떡 일어났다. 얼마 전 하위권 점수로 우등준비 반에 들어온 대호였다.

일 원장은 뒤돌아 자습실을 나가려다가 문득 다시 대호를 불렀다.

"대호야, 너는 공부를 왜 하니?"

어느새 다시 자리에 앉아 문제집을 풀고 있던 대호가 멋쩍게 웃으며 대답했다.

"공부를 해 보니까 진짜로 성적이 오르는 게…… 엄청 신기해서요. 여러 번 볼수록 더 이해가 잘되는 것 같기도 하고요. 그래서 더 해 보려고요."

지구인에게 보상은 언제나 좋을까?

보고서 78

작성자: 오로라

★ 최근에 심한 감정 기복을 보인 일 원장을 감시하기로 함. 아우린들이 지구인의 특성을 파악하는 데 도움이 될 것 같아 기록을 남김.

★ 일 원장이 이글거리는 눈빛으로 창밖을 바라보는 모습이 자주 포착됨. 처음에는 우리의 정체를 의심하는 신호인가 생각했지만, 일 원장의 시선은 아우린이 아닌 맞은편 건물에 집중되어 있었음. 일 원장의 눈에는 유니와 써니에게서 종종 보이던 질투의 빛이 서려 있었음.

★ 끊임없이 자신을 남과 비교하는 지구인들의 특성(※보고서 13 참고)과 새로 생긴 에이플러스학원을 노려보는 일 원장의 모습을 봤을 때 아무래도 일 원장은 에이플러스학원을 질투하는 것 같음. 그런데 최근에 다시 기분이 좋아짐. 혼자 상가 복도에서 콧노래를 부르고 다니는 것도 목격함.

★ 일 원장의 즐거운 기운은 오래가지 못함. 지구인의 감정은 종잡을 수 없음. 하지만 이번 감정은 질투가 아닌 듯함. 눈빛은 흐릿하고 어깨가 축 처짐. 지구인은 자신의 감정을 다양한 방법으로 표현하는데, 그중 하나가 몸짓임. 일 원장은 무언가에 크게 실망한 듯함.

지구인에게 인센티브란?

- 지구에는 지구인의 특정 행동을 유도하는, 일명 '인센티브'라는 게 있음. 이것은 긍정적인 인센티브, 부정적인 인센티브로 나눌 수 있음.
- 학교에서 성적이 좋은 학생들에게 주는 장학금, 피자 열 판을 먹으면 다음 한 판을 공짜로 주는 피자 쿠폰, 텀블러를 가져가면 음료를 할인해 주는 카페의 정책들은 긍정적인 인센티브라고 할 수 있음.
- 반면, 지각을 하면 벌금을 물거나 시험 성적이 떨어지면 게임 시간을 줄이고, 카페에 개인 컵을 가져오지 않으면 추가 요금을 내야 하는 등의 제도는 부정적인 인센티브임. 지구인들은 긍정적인 인센티브를 반기긴 하지만, 인센티브의 효과는 주어지는 상황과 지구인의 마음에 따라 다르게 나타남.

인센티브의 역효과

- 과도한 인센티브는 지구인의 수행 능력을 오히려 감소시킬 수 있음. 미국 듀크 대학교의 댄 애리얼리 교수 연구진이 지구인들에게 여러 가지 게임을 시키고 그 성과에 따라 각각 하루치, 2주일치, 5개월치 임금만큼의 상금을 주기로 했는데, 놀랍게도 가장 높은 상금을 제시받은 지구인들의 성과가 가장 낮았음. 인센티브가 클수록 반드시 상금을 받아야 한다는 스트레스를 더 많이 받았기 때문.
- 지구인의 '도덕적 행동'을 독려하기 위한 인센티브가 역효과를 불러일으키기도 함. 이스라엘에서 '기부의 날' 행사 때 지구인들을 보상 없이 모금 활동을 하는 그룹, 보상으로 모금 금액의 1퍼센트를 받는 그룹, 10퍼센트를 받는 그룹으로 나누어 활동을 시켰음. 그러자 보상으로 1퍼센트를 받기로 한 그룹의 모금액은 보상이 없는 그룹의 64퍼센트밖에 안 됐고, 보상으로 10퍼센트를 받기로 한 그룹은 보상이 없는 그룹과 비슷한 금액을 모금해 옴. 대가 없이 하던 선한 행동에 돈이라는 인센티브가 생기면서 그 행동이 돈을 얻기 위한 수단으로 변했기 때문에, 적은 인센티브를 받는 것은 충분한 동기 부여가 되지 않은 것.

- 지구인들의 '의무적인 행동'에 대한 인센티브도 역효과를 불러일으키기 쉬움. 지구인들이 아이를 제시간에 데리러 오지 않는 어린이집 학부모들에게 벌금을 내게 하고 부모들의 행동을 관찰해 보았음. 이전에는 지각하면 죄책감에 서두르던 부모들이 벌금을 내게 되자 점점 대놓고 지각하기 시작함. 지각할 권리를 돈으로 샀다고 생각해 제시간에 와야 한다는 의무감을 잃어버린 것. 이처럼 지구인들이 양심이나 가치관으로 하는 행동에 섣불리 인센티브 제도를 도입했다간 낭패를 볼 수 있으니 주의해야 함.

실패한 인센티브

해야 할 일을 하는데 돈을 주다니~!
오늘도 많이 벌었다~
맞아요.
돈 안 주니까 집안일 안 도울래요.

믿는 인센티브에 발등 찍힌 지구인

인도 델리에서 맹독성 코브라에 지구인들이 물리는 사고가 자주 일어나자 코브라를 잡아 오는 지구인에게 상금을 주는 정책이 생겼다. 하지만 시간이 지날수록 오히려 코브라 수는 더 늘어만 갔다. 사람들이 코브라를 포획하는 것이 아니라 상금을 받기 위해 코브라를 사육해서 가져왔기 때문이다. 급기야 코브라 농장까지 생겼고, 결국 상금 정책은 없어졌다. 더 이상 코브라를 사육할 이유가 없어진 사람들은 키우던 코브라를 바깥에 풀어 버렸고, 코브라 수는 이전보다 많아졌다. 인센티브는 분명 지구인을 움직이는 힘이 있지만, 지구인의 욕심이 예상 밖의 결과를 가져오기도 한다.

이것만 잘 키우면 돈을 벌 수 있단 말이지!

마라톤의 황제
오로라

지구인이 뿌듯함을 느낄 때

임시 본부에 도착한 오로라는 곧장 마라톤 대회에 대한 정보를 검색했다.

'마라톤은 42.195킬로미터를 달리는 운동 경기로, 지구인 신기록은 두 시간 삼십오 초. 프로 선수가 아닌 보통 지구인들은 세 시간 안에 완주하기도 힘들다고?'

하지만 지구인들보다 신체 능력이 뛰어난 아우레의 군인 오로라에게 그 정도는 문제가 아니었다. 오로라는 1등 상금이 가장 두둑한 마라톤 대회를 골라 참가 신청을 했다.

출발 총소리가 울리자 참가자들이 뛰어나갔다. 오로라는 다른 사람들이 충분히 앞서 나갈 때까지 기다리며 숨을 골랐다. 상금은 탐나지만 지구인들 틈에서 복닥거리며 뛰고 싶진 않았다.

마침내 사람들이 보이지 않을 만큼 거리가 벌어졌을 때, 오로라는 화살처럼 쌩 튀어 나갔다. 한 사람, 한 사람 빠르게 제치며 앞으로 치고 나갔다.

지구에서는 볼 수 없는 놀라운 속도였다.

오로라는 한 시간 만에 처음 출발한 지점에 다시 도착했다. 그곳은 도착 지점이기도 했다. 그런데 세계 신기록보다 훨씬 빨리, 조금도 지치지 않은 채, 땀 한 방울도 흘리지 않은 뽀송뽀송한 모습으로 도착한 오로라를 보고 대회 관계자들은 대단한 오해를 하고 말았다.

"아이고, 마라톤 참가자세요? 이제 출발하려고요?"

"대회는 한 시간 전쯤 시작했어요."

오로라를 지각한 참가자로 착각한 것이다.

"아니, 나는 도착……."

오로라는 해명을 하려고 했지만, 관계자들은 오로라의 등을 떠밀며 재촉했다.

"지금이라도 출발해요. 참가하는 데 의의가 있으니까요."

지구인의 오해를 풀지 못한 오로라는 또다시 출발했다. 상관없었다. 오로라는 마라톤을 뛰는 동안 지구에 온 이후로 가장 기분이 좋았기 때문이다. 대기질이 나빠서 조금만 뛰어도 숨이 턱턱 막히는 아우레와 달리, 지구에서 달리는 동안에는 기분이 매우 상쾌했다.

오로라는 마라톤 풀코스를 두 번 연달아 뛰었다. 그래도 1등 은 오로라의 차지였다. 그것도 무려 대회 신기록으로.

수상한 파란 양복이 오로라의 정체를 의심하는 줄도 모르고 얼마 뒤 오로라는 또 마라톤 대회에 참가했다. 이번에도 역시 상금이 목적이었다. 하지만 두 번째 대회에서 오로라는 일부러 지구인처럼 매우 천천히 뛰었다. 지구의 상쾌한 공기를 오래 느끼고 싶어서 속도를 늦춘 것이다.

느림보 아우린만큼 천천히 뛰어도 대회의 1등은 오로라였다. 또 대회 신기록으로!

사람들은 마라톤계에 혜성같이 등장한 오로라에게 관심을 보였다. 기자들도 오로라를 인터뷰하러 다가왔다.

순간 오로라는 날카로운 눈빛으로 기자들을 쳐다보았다. 진짜 기자가 맞나? 비밀 요원이 기자인 척, 변장한 것인가? 겉모습만으로는 알 수 없었다.

오로라는 최대한 지구인처럼 침착하게 대답했다.

"빠르면 다 외계인입니까? 외계인은 지구인보다 이성적이지만 매우 느릴 수도 있습니다."

"네? 하하, 달리기만 잘하는 게 아니라 외계인 이야기에도 관심이 많으신가 봐요."

기자는 외계인을 들먹이며 오로라를 떠보는 것 같았다. 오로라는 주변을 슬쩍 둘러보았다. 파란 양복을 입은 수상한 사람들도 은밀히 다가오고 있었다.

'외계인을 쫓는 비밀 조직인가?'

오로라는 서둘러 사람들 틈에 섞여 모습을 감췄다.

오로라를 찾아다닌 파란 양복은 마라톤 관계자였다. 오로라를 정식 선수로 키우고 싶었던 것이다. 하지만 파란 양복의 정체를 의심한 오로라는 마라톤을 그만두기로 했다.

"아우레 탐사대장 오로라, 마라톤 그만둔다."

"왜? 마라톤 좋아했잖아~."

"상금은 어쩌고?"

도됴리와 라후드의 말에 오로라는 마라톤을 뛰던 자신의 모습을 떠올렸다. 오로라는 지구에서 경험한 일 중 마라톤이 가장 즐거웠다. 그러나 아우레 탐사대장으로서 임무를 완벽하게 수행하는 것이 오로라를 훨씬 더 기쁘게 했다.

"탐사대의 안전을 위한 결정이다."

라후드와 도됴리는 이해한다는 듯이 고개를 끄덕였다. 그래도 오로라는 못내 아쉬웠다. 바람을 가르며 달리던 상쾌한 기분을 다시 느끼고 싶었다.

뛰고 싶다!

"대장의 책임감으로 그만두었지만, 뛰고 싶다. 마음껏 달리고 싶다."

밤하늘을 보며 중얼거리던 오로라는 깨달았다. 달리고 싶으면 그냥 달리면 되는 것이다!

　오로라는 사람들이 거의 없는 한밤중에 공원을 달렸다. 누구의 눈치도 보지 않고 전속력으로 뛰었다.

　그런데 오로라가 일을 하지 않고 달리기에 열중하는 바람에 임시 본부의 살림은 점점 쪼들리기 시작했다. 라후드가 종종 아르바이트를 해서 생활비를 벌었지만, 갖고 싶은 것은 다 사고야 마는, 돈을 펑펑 쓰는 도됴리의 소비 습관을 감당하기에는 턱없이 부족했다.

　그런데도 도됴리는 눈치 없이 툭하면 지구 물건들을 사서 자랑하며 즐거워했다.

라후드는 이번 달 생활비를 계산해 보았다. 아무래도 그동안 번 돈을 합쳐도 모자랄 것 같았다.

참다못한 라후드가 말했다.

"도됴리, 돈 좀 그만 써. 벌지도 않으면서 쓰기만 하면 어떡해! 지구에서는 원하는 걸 다 가질 수 없다고."

"왜! 왜애애애애~!"

"우린 돈이 없으니까."

"탐사대장으로서 탐사대의 생활고를 해결할 책임이 있다. 마지막으로 마라톤 상금을 타 오겠다."

소파에 앉아 있던 오로라가 벌떡 일어나며 말했다.

오로라는 책임을 다하기 위해 마지막으로 위험을 감수하기로 했다. 외계인을 노리는 수상한 지구인들은 어떡하냐고?

뛰어난 이성의 오로라는 불완전한 지구인의 시각을 속이기로 했다. 출발할 때도 지구인들 사이에 섞여 출발했다. 외계인이라는 의심을 받지 않으려면 철저하게 지구인같이 행동해야 했다. 지구인들은 너무 잘하거나 너무 못하거나, 아무튼 혼자 동떨어져 있는 다른 지구인을 주목한다.

그러나 지구인의 눈에 띄지 않는 것에만 집중하다가 순위권에서 벗어나면 안 된다. 상금을 타지 못하면 위험을 무릅쓰고 마라톤에 출전한 의미가 없으니 반드시 1등을 차지해야 했다. 지구인처럼 자연스럽게.

마지막 마라톤 임무를 무사히 마친 오로라는 다른 일을 구하러 나섰다. 다행히 높은 이성과 더 높은 신체 능력을 지닌 오로라가 지구에서 할 수 있는 일은 차고 넘쳤다.

문제는 오로라가 지구인과 긴밀히 접촉하는 일을 거부한다는 것이었다.

오로라는 동물병원 문을 열고 안으로 들어갔다.

하필이면 때가 좋지 않았다. 큰 개 세 마리가 으르렁거리며 대치 중이었다. 개들의 보호자와 수의사가 개들을 진정시키는 중이었지만, 척 봐도 역부족이었다.

오로라는 겁도 없이 대치 중인 개들 사이로 들어갔다.

"위험해요! 나오세요!"

수의사가 말했지만 오로라는 발걸음을 멈추지 않았다.

 '동물들이 천적의 소리를 무서워한다는 건 잘 알려진 연구 사실인데, 지구인들은 왜 이 정보를 이용하지 않지?'

 오로라는 생각했다.

 그렇게 오로라는 동물병원에서 수의사와 동물 보건사를 보조하는 일을 하게 되었다. 전에 루나와 동물원에 다녀온 뒤에 지구 동물들의 의사소통에 관해 연구한 덕분이었다.

적절한 보상은 지구인을 움직인다

작성자: 라후드

★ 종종 알 수 없는 행동을 하는 지구인들의 또 다른 이상 행동을 발견함. 바로 마라톤! 42.195킬로미터를 쉬지 않고 달리는 '운동'이라는데, 아무리 봐도 벌을 받는 것 같음. 그런데 1등을 하면 상금을 준다는 말에 눈이 번쩍 뜨인 오로라가 곧바로 마라톤 대회 출전을 결심함.

★ 지구인들은 건강을 위해, 또는 다이어트를 하기 위해 힘을 들여 몸을 움직이려고 함. 땀을 뻘뻘 흘리면서 운동하는 지구인들을 보면 안쓰럽기까지 함. 지구인들은 특히 새해가 밝으면 운동을 더 열심히 하는데, 그럴 때면 오직 운동만을 위해 만든 실내 공간인 '헬스장'에 지구인들이 바글거림.

★ 이런 운동은 작심삼일로 끝나는 경우가 많지만, 실제로 운동에 재미를 붙여 오래오래 하는 지구인들도 있음. 마라톤도 오랜 시간을 들여 단련하는 지구인들에게 적합한 운동으로 보임.

★ 마라톤에 참여한 오로라는 지구에 온 이후로 가장 행복해 보였음. 잘하고 즐거운 일을 해서 돈을 버는 것은 지구인에게도 아우린에게도 만족스러운 일인 것 같음.

지구인은 노력하는 자신을 좋아한다

- 지구인들은 아무도 시키지 않은 고통을 자처할 때가 있음. 힘든 시간을 견디며 오랫동안 마라톤을 뛰기도 하고, 오는 잠을 내쫓으며 밤새워 공부하기도, 추위를 참아 가며 봉사 활동을 하기도 함.

- 지구인들이 이런 행동을 하는 이유는 일을 해냈을 때 느끼는 성취감, 자기 효능감 등의 긍정적인 감정 때문임. 이런 감정은 뇌 기능을 끌어올려 안정적이고 만족스러운 생활을 가능하게 함. 성취감을 느낄 때 분비되는 도파민은 우울감을 없애 주고, 자기 효능감은 지구인의 인지 능력을 향상시켜 일을 더 잘하는 데 도움을 줌.

- 게다가 뇌는 목표를 위해 노력하는 행위 자체로 도파민을 분비해 지구인들이 긍정적인 감정을 느끼게 함. 이는 목표를 달성했을 때 얻게 될 결과나 감정 등의 보상을 예측하고 기대하기 때문임. 목표 달성을 위한 노력의 과정에서 느끼는 긍정적인 감정은 지구인이 고통을 참고 노력하는 데 결정적인 동기가 됨.

- 또, 지구인들은 자신의 노력과 정성을 소중히 여김. 자기가 직접 만든 물건에는 더 비싼 값을 매기는데, 완성도가 떨어져도 그만큼의 노력이 들어갔기에 가치가 더 높다고 생각하는 것. 이런 지구인의 심리가 작용해 지구에서는 직접 조립해서 사용해야 하는 가구 브랜드의 인기가 높고, 그 브랜드의 이름을 딴 '이케O 효과'라는 현상까지 있음.

잘 활용하면 긍정적인 보상의 효과

- 인센티브(보상)는 역효과도 있지만 잘 활용하면 지구인들에게서 긍정적인 변화를 이끌어 낼 수 있음. 지구인들은 어떠한 일에 보상이 걸리면 돌변하는 모습을 보임. 움직임이 더 빠릿빠릿해질 뿐만 아니라 더 합리적이고 전략적으로 행동함.

- 금전적인 보상이 걸린 문제에서 지구인들의 뇌는 집중력과 기억력 등을 관장하는 '배외측 전전두피질'이 크게 활성화되고, 인식 기능과 다양한 일을 동시에 처리할 수 있게 하는 부위가 활발해짐. 보상이 걸리면 보상을 얻기 위해 뇌가 재빨리 전략을 짜는 태세로 전환하는 것.
- 지구인들이 느끼는 보상은 돈이나 사람들의 인정 같은 외적인 보상과 스스로 만족하는 성취감 같은 내적인 보상으로 나눌 수 있는데, 이 두 가지가 모두 충족되면 최고의 효과가 나옴.

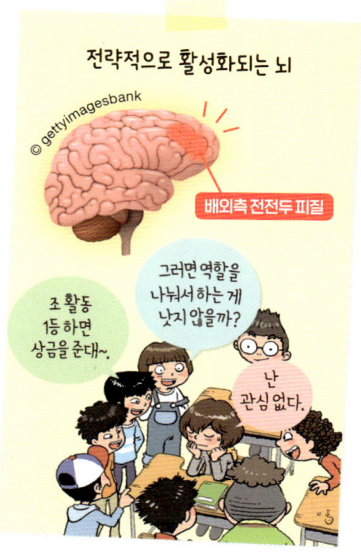

스키너 상자

지구의 행동주의 심리학자 스키너는 쥐나 비둘기 같은 동물을 자신이 만든 상자에 넣고 행동을 연구한 '스키너 상자' 실험으로 유명하다. 스키너는 상자 속의 동물이 특정 행동을 해서 보상을 받으면 그 뒤로는 보상을 얻으려는 행동이 늘어나고 강화된다고 주장했다. 이 실험은 보상이 주어지는 방식에 따라 행동 양상 또한 변한다는 것을 설명해 준다.

1. 고정 간격 강화
일정한 시간 간격으로 받는 보상
→ 보상 직전에 반응률이 급증하고 그 후에는 반응이 줄어듦

2. 변동 간격 강화
불규칙한 시간 간격으로 받는 보상
→ 반응이 대체로 꾸준하게 나타남

3. 고정 비율 강화
특정 행동을 특정 횟수 반복할 때마다 받는 보상
→ 보상이 주어진 뒤 잠시 행동을 중단하지만 그 후 일관되게 지속됨

4. 변동 비율 강화
특정 행동을 여러 번 했을 때 무작위로 받는 보상
→ 반응이 꾸준하고 흥미를 잃지 않음

5

할머니 삼총사의 여행

세상에 공짜는 없다

텁텁한 늦여름 오후, 할머니 삼총사는 공원에 앉아 여행 계획을 짜고 있었다. 짠지 여사가 싸 온 시원한 커피와 뻥튀기를 먹으며…….

"우리 셋이 칠순 기념 여행을 가게 될 줄이야."

연신 손부채를 부치는 홍실 여사의 목소리가 들떴다.

"그러게. 시간 정말 빠르다. 그나저나 아직 덥다. 에어컨 빵빵하게 나오는 카페 가자니까 이게 웬 궁상이니?"

반짝이 여사가 치마를 들썩이며 투덜거렸다. 짠지 여사는 남은 얼음을 반짝이 여사의 컵에 와르르 쏟아 주었다.

"별로 안 더운데, 뭘. 카페 가면 커피값만 비싸지."

"내가 산다니까. 네 돈 쓰는 것도 아닌데, 정말……."

반짝이 여사는 얼음을 쪽쪽 빨아 먹으며 눈을 흘겼다.

"내 돈이든 네 돈이든, 돈 쓰는 건 다 아까워."

"사람들이 다 짠지 너 같았으면 우리나라 경제는 벌써 망했어. 돈이 돌아야 경제가 살지!"

"아휴, 그만들 하고 여행 어디로 가고 싶은지나 말해 봐."

홍실 여사가 티격태격하는 두 친구를 말렸다.

할머니 삼총사는 곧 상상의 나라에 빠졌다.

　홍실과 반짝이 여사는 모처럼의 여행을 앞두고 돈타령만 하는 짠지 때문에 서운했다. 50년 지기들이 여행도 못 가 보고 의만 상하게 생겼다.

　그때 지나가던 청년 둘이 할머니 삼총사에게 다가왔다.

　"친구분들끼리 무슨 이야기하셔요~?"

　"오랜만에 여행을 가고 싶은데, 이 친구가 자꾸 딴지를 거네요. 너무 비싸다고."

　반짝이 여사는 상냥하게 다가오는 낯선 청년들에게 속상한 마음을 털어놓았다. 짠지 여사도 들으라고. 그러자 청년들이 손뼉을 치며 반겼다.

　"와, 이런 우연이……! 저희가 복지 센터에서 후원하는 수목원 여행 홍보 중이거든요. 여기로 여행 가시면 어떠세요?"

"무료 여행? 진짜로 공짜 맞아요?"

짠순이 짠지 여사는 '무료'라는 말에 홀딱 넘어갔다.

"그럼요. 국가에서 지원하는 사업인데, 맛집에서 점심도 먹고, 버스에서 간식도 먹을 수 있으니까 그냥 몸만 오시면 돼요."

짠지 여사는 함빡 웃으며 기뻐했다.

"아이고, 너무 좋은 기회다. 얘들아, 어때? 가자, 응?"

"이 수목원은 세계에서 가장 아름다운 10대 수목원 중 하나인데, 다음 달부터 무기한 휴장이라 이번에 못 가면 언제 갈 수 있을지 몰라요."

반짝이 여사도 공짜에 한정판이라는 말에 홀랑 넘어가고 말았다.

"어머, 한정판이야? 그럼 가야지."

며칠 뒤 할머니 삼총사는 수목원으로 가는 공짜 여행 버스에 올랐다.

버스의 분위기는 홍실이 걱정했던 것과 달리 매우 좋았다. 좌석은 넓고 푹신했으며 함께 여행할 사람들은 유쾌했다. 특히 여행 가이드를 해 주는 청년들이 더할 나위 없이 친절했다. 할머니 삼총사는 기분이 날아갈 것만 같았다.

버스는 고속 도로를 한참 달리다가 좁고 구불구불한 길로 들어섰다.

"벌써 세계 10대 수목원에 다 왔나 봐."

홍실은 창문에 이마를 바짝 대고 밖을 쳐다보았다. 심장이 콩닥콩닥 뛰었다. 창밖으로 우중충하고 음침한 건물 하나가 눈에 띄었다.

"저 건물에는 왜 창문이 하나도 없지? 설마 우리 목적지가 저기인가……?"

홍실의 불길한 예감은 틀리지 않았다. 버스는 들판 한가운데 엉성하게 지어진 창고 같은 건물 앞에 멈췄다.

"일단 여기서 내려서 저 건물로 들어가셔요."

친절한 청년들이 명랑하게 소리쳤다. 사람들은 영문도 모른 채 차례차례 버스에서 내렸다. 짠지도 친구들을 재촉했다.

"여기가 식당인가 봐, 어서 내리자."

"간식을 너무 많이 먹어서 배고픈 줄도 몰랐는데 벌써 점심시간이야?"

"식당은 아닌 것 같은데……."

홍실은 어쩐지 안 좋은 예감이 들었다. 하지만 여행에 들뜬 짠지와 반짝이는 사람들을 쫓아 창고 같은 건물 안으로 쏙 들어가 버렸다.

<몽스터즈 손오공을 소개합니다>

나는 세계 최강 원숭이다!

- 배려심
- 힘
- 스피드
- 예의
- 허세
- 잔머리

특 징 1
머리 위에 반짝이는 금고아 착용

특 징 2
언제 어디서든 부르면 날아오는 근두운 보유

오! 잘 지냈지?

우리는 몽스터즈

30초로 보는 몽스터즈

아울북의 새로운 손오공 등장!
고전 소설 서유기가 신나는 모험으로 다시 태어났다!

재밌다!

유익하다!

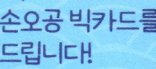
손오공 빅카드를 드립니다!

NEW

안녕! 나야 **마법천자문** 손오공. 내 동생들이 나온다고 하니까 기대해 줘! 다시 읽고 싶은 무한 재미 보장!

마법천자문 손오공 추천도서

아울북

무대에 오른 청년의 노래는 듣기 힘들 정도였다.

"음정, 박자 하나도 안 맞아. 나미남 노래를 망쳐 놨어."

"노래는 됐고 빨리 밥이나 먹으러 가면 좋겠어."

할머니 삼총사는 슬슬 지쳤다. 버스를 오래 타고 왔는데 또 의자에 앉아 있으려니 몸이 쑤셨다. 사람들이 지친 기색을 내보이자 노래를 부르던 청년이 걱정스러운 목소리로 물었다.

"어르신들~, 힘드시죠? 어깨도 아프고 허리도 아프시죠?"

"으응, 아파."

"안 아픈 데가 없지."

여기저기서 사람들이 웅성거렸다. 그러자 갑자기 웬 젊은이들이 상자를 하나씩 들고 우르르 들어왔다. 그들은 한 명씩 상자를 옆에 두고 할머니, 할아버지들의 어깨와 다리를 안마해 주기 시작했다. 갑자기 시작된 안마에 할머니 삼총사는 부담스러워 안절부절못했다.

할머니들이 그만하라고 말리자 안마를 해 주던 청년이 갑자기 울상을 지었다.

"맞아요, 저희 너무 힘들어요. 다 저희 할머니, 할아버지 같아서 안마해 드리고 싶은데, 팔이 너무 아파요."

"그러니까 하지 말라고……."

홍실 여사가 난감해하며 말했다.

　제일 먼저 정신을 차린 사람은 줌바 댄스 20년 경력의 반짝이 여사였다. 반짝이 여사는 단단한 근육의 소유자라 안마기가 필요 없었다.

　"아니야, 난 이런 거 필요 없어. 보기보다 근육질이라 안마기도 필요 없고 허리도 안 아파. 봐 봐. 얼마나 쌩쌩하다고."

　반짝이 여사는 그 증거로 허리를 홱홱 돌렸다.

　그러나 청년들은 물러설 기미가 없었다. 그들은 여전히 얼굴에 미소를 머금은 귀여운 표정으로 할머니 삼총사에게 안마기를 사 달라고 졸랐다.

　"에이, 그러지 말고 하나 사 주세요."

　"미안해. 우린 정말 그런 거 필요 없어. 안 살래."

　할머니 삼총사는 청년들이 서운하지 않도록 최대한 부드럽게 거절했다. 그러자 청년들이 갑자기 한숨을 푹 내쉬었다.

"어휴, 할머님들! 이거 안 팔면 저희가 버스비, 점심값, 수목원 입장료를 다 어디서 벌어요? 땅 파면 돈이 나오나요?"

청년 중 한 명이 큰 소리로 말했다.

홍실 여사는 그제야 깨달았다. 청년들은 여행을 미끼로 물건을 파는 사기꾼들이었다. 필요도 없고, 사고 싶지도 않았지만, 오늘 하루를 망치지 않으려면 뭐라도 사야 했다.

"그러면 제일 작은 안마기 하나 살게요. 얼마예요?"

할머니 삼총사는 너무 놀라 뒤로 넘어갈 뻔했다. 짠지 여사가 버럭 소리치자, 청년들도 소리를 높였다.

"다른 분들은 이미 다 사고 버스에 탔는데, 할머니들만 여기 있잖아요! 얼른 사고 식사도 하고 놀다 가셔야죠, 네?"

짠지는 끝까지 지갑을 열지 않았다. 그러자 청년들의 분위기가 싸늘해졌다.

　할머니 삼총사는 쿵쾅거리며 창고 같은 답답한 건물을 나섰다. 반짝이 여사와 홍실 여사는 공짜 여행을 가자고 조른 짠지에게 짜증을 냈다.

　"이게 뭐니? 이 시간에 제주도도 갈 수 있었을 텐데."

　"세상에 공짜가 어딨어. 공짜가 가장 비싸다는 말이 괜히 나왔겠어?"

　짠지 여사는 할 말이 없었다.

짠지 여사는 친구들과 함께 맛있는 것도 먹고 좋은 구경도 하고 싶었을 뿐인데, 결국 사기꾼들에게 속고 만 것이다. 짠지 여사는 자신에게 화가 나고 친구들에게도 미안해서 어쩔 줄 몰랐다.

"미안하다, 얘들아. 나도 이럴 줄 알았니? 우리 가까운 데에서 밥이라도 먹고, 좋은 데 있으면 구경이라도 하고 가자. 내가 돈 낼게."

하지만 할머니 삼총사가 있는 곳은 허허벌판이었다. 어디서 차를 타야 하는지, 택시를 잡을 수나 있을지 몰랐다. 눈앞이 캄캄했다. 주책맞게 눈물이 흐르려고 할 때 홍실 여사의 휴대 전화가 울렸다.

돈에 좌지우지되는 지구인들

작성자: 라후드

★ 보고서 51에서 말했듯이 지구인들은 한 가지 일을 선택하는 데 오랜 시간을 허비함. 이것저것 다 따져 보기를 좋아하는 지구인들은 특히 함께 무언가를 할 때 서로 의견이 다르면 그걸 맞추기 위해 엄청난 에너지를 쏟음.

★ 일 원장의 엄마 홍실 여사도 친구들과 우정 여행을 가겠다고 몇 시간 동안 뙤약볕에 앉아 고민에 고민을 함. 하지만 그 긴 시간의 고민은 무용지물이었음. 공짜라는 말에 바로 여행지를 결정했으니까. 지구인들은 공짜를 좋아한다는 게 다시 한번 밝혀짐.

★ 여행을 다녀온 삼총사 할머니들은 가기 전보다 오히려 더 피곤해 보였음. 쿠르르섬에서도 알 수 있었지만, 스트레스를 풀기 위해 여행을 떠난 지구인들은 오히려 여행으로 스트레스를 더 받기도 함. 지구인들은 스트레스 푸는 방법을 다양한 곳에서 찾는데, 몇몇 지구인들은 그런 여행을 싫어하기도 한다는 사실은 보고서 63을 참고하길 바람.

지구인들은 공짜를 좋아한다

- 지구인들은 공짜로 무언가를 준다고 하면 사족을 못 씀. 평소라면 관심이 없었을 물건도 공짜라고 하면 괜히 갖고 싶어 함.

- 심지어 어떤 물건이 공짜라면 할인 폭이 같은, 훨씬 좋은 물건이 있어도 공짜를 선택하기도 함. 값비싼 초콜릿과 저렴한 초콜릿, 두 가지 초콜릿 중 하나를 고르는 실험에서 비싼 초콜릿은 정가가 50센트인데 할인해서 15센트에 판매하고, 싼 초콜릿은 1센트에 판매함. 이 경우에는 73퍼센트의 지구인들이 값비싼 초콜릿을 선택했음. 하지만 초콜릿 가격을 다시 1센트씩 내려 각각 14센트와 공짜라고 하자, 69퍼센트의 지구인들이 저렴한 초콜릿을 고름. 이렇게 지구인들이 무료인 상품을 더 선호하는 현상은 '공짜 효과(제로 코스트 효과)'와 관련이 있음.

- 지구인들이 공짜를 좋아하는 건 이익보다 손실을 더 크게 느끼는 심리 때문임. 보통 거래를 할 때 지구인의 뇌는 이익과 손실을 비교해 선택하는데, 공짜 거래에서는 손실 없이 이익만 있다고 생각하기 때문에 기분이 좋아지는 것. 하지만 지구에서 진짜 공짜를 찾기란 하늘의 별 따기만큼 힘듦.

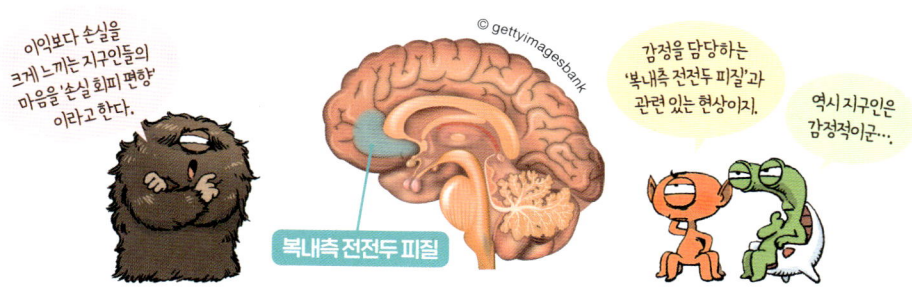

지구인의 행동을 지배하는 돈

- 돈은 지구인의 생활과 행동에 많은 영향을 끼침. 먹고 입는 생활필수품은 물론이고 사는 동네, 공부하는 분야, 취미, 여행지, 심지어 직업을 선택할 때도 돈이 중요한 기준이 됨.

- 돈은 지구인의 뇌 성능에도 영향을 끼침. 지구인은 돈을 음식과 같이 생존에 꼭 필요한 것으로 생각하기 때문에 돈이 없으면 돈에 신경을 쓰느라 다른 것에 신경 쓸 여유가 부족해짐. 이는 결국 집중력과 인지, 판단력 저하로 이어짐. 실제로 지구인 경제학자들이 농부들을 대상으로 추수 전후 IQ 테스트를 진행한 결과, 추수 후 돈이 넉넉해진 농부들의 IQ가 추수 전보다 13점 정도 높게 나타남.

- 돈은 지구인을 이기적으로 만들기도 함. 한 실험에서 돈 사진을 본 참가자들이 물고기처럼 평범한 사진을 본 참가자들보다 실험 진행자가 실수인 척 떨어트린 연필을 주워 주는 비율이 낮았음.

- 심지어 지구인들은 돈을 만지기만 해도 육체적, 정신적 고통을 덜 느낌. 그냥 종이를 센 사람과 지폐를 센 사람을 비교했을 때, 지폐를 센 사람은 뜨거운 물에 손이 닿아도 그 온도를 덜 자극적으로 느꼈음. 또한 컴퓨터로 공놀이 게임을 하다가 다른 사람들에게 소외를 당해도 소외감을 덜 느꼈다고 함. 돈을 만지는 것만으로도 지구인들은 스스로 강하다는 느낌을 받기 때문.

길을 가다가 지갑이 보이면?

돈을 좋아하는 지구인들이 길을 가다가 땅에 떨어진 지갑을 보면 어떻게 할까? 지구의 40개국 355개 도시에 17,303개의 지갑을 떨어트리고 몇 개의 지갑이 돌아오는지 관찰한 지구인들이 있다. 실제로 잃어버린 지갑처럼 보이도록 지갑 안에는 각각 다른 금액의 돈과 지갑 주인의 명함, 열쇠나 영수증 같은 것도 함께 넣어 놓았다. 실험 결과, 놀랍게도 돈이 많이 들어 있을수록 지갑 회수율이 높았다. 돈이 없는 지갑은 46퍼센트, 적당히 들어 있는 지갑은 61퍼센트, 돈이 두둑이 든 지갑은 72퍼센트의 회수율이 나타났다. 이는 돈이 많은 지갑일수록 잃어버린 사람이 걱정되기도 하고 부정행위에 대한 심리적 부담감도 더 강하게 작용했기 때문이다. 돈을 좋아하기 때문에, 많은 돈이 지구인들에게 압박이 되어 도덕적 행동을 하게 만드는 듯하다.

내 지갑은 떨어져도 아무도 안 돌려주겠어…

6

홍실 여사의 칠순 잔치

버는 법도 쓰는 법도 다양한 돈

　홍실 여사는 여행 사기를 당한 뒤 부쩍 한숨이 늘었다. 일 원장은 홍실 여사의 기운을 북돋워 주고 싶었다.

　"엄마, 내가 칠순 잔치 열어 줄게. 친구들 다 초대해서 아주 크고 화려하게 파티해요. 내가 크게 쏠게요."

　"아유, 하지 마. 괜찮아. 돈 많이 들잖아."

　홍실 여사는 딸이 밤늦도록 학원에서 일하며 힘들게 번 돈을 막 쓰고 싶지 않았다. 그 마음을 아는 일 원장은 큰소리를 땅땅 쳤다.

　"엄마도 참, 돈은 이럴 때 쓰려고 버는 거야. 가족을 위해 쓰려고. 소중한 사람들과 함께 행복한 추억 남기는 것보다 좋은 일이 어디 있어요? 그러니까 생일날에 정말 즐겁게 놀자, 응?"

　홍실 여사는 마음이 뭉클해졌다.

일 원장은 같은 건물에 사는 이웃들도 칠순 잔치에 초대하기로 했다. 이번 기회에 아들인 최고가 친하게 지내는 아싸의 부모님과도 이야기를 나누면 좋을 것 같았다.

일 원장은 초대장을 들고 아싸의 집으로 찾아갔다.

"아싸 어머님, 주말에 우리 어머니 칠순 잔치를 열어요. 별일 없으면 오셔요. 같이 식사도 하고 대화도 나누고, 노래도 부르고요."

"식사, 대화, 노래요?"

오로라가 지구인과 절대 함께 하고 싶지 않은 세 가지다. 초대는 당연히 거절이다. 오로라가 거절하려는 찰나, 라후드가 우당탕 현관으로 뛰쳐나왔다.

"잔치면 맛있는 음식이 많겠네요. 탕탕면도 나와요?"

이게 뭔 외계인 같은 질문인가? 당황한 일 원장은 어색하게 웃었다.

"아하하, 탕탕면이라면…… 혹시 컵라면이요? 그건 없지만 뷔페니까 다양한 음식이 나오겠지……요?"

잘 알지도 못하는 사람들을 괜히 초대했나? 일 원장은 후회하며 무뚝뚝한 표정의 오로라가 초대를 거절하기만 바랐다.

"당연히 가야죠. 갑니다."

하지만 라후드가 먼저 냉큼 대답하고 말았다.

홍실 여사는 손주들이 준 선물을 양손에 들고 활짝 웃었다.

"아유, 내 새끼들, 정말 고맙다."

하나는 용돈을 탈탈 털어 사 온 꽃다발과 돈 한 푼 안 들인 최고의 그림이 똑같은 대접을 받는 것 같아 서운했다.

"할머니, 이거 비싼 꽃다발이에요. 할머니 칠순에 꽃 사려고 오랫동안 용돈을 모았어요. 근데 최고는 펑펑 다 써 버리고, 어젯밤에 그림을 그리더라고요~."

"이거 진짜 열심히 그린 거거든!"

최고는 발끈 화를 냈다. 억울한지 눈물까지 글썽였다.

"싸우지들 마. 할머니 생각해서 정성으로 그린 그림도, 용돈 아낀 마음도 예쁘고 소중하단다. 내 새끼들, 다 컸네."

홍실 여사는 손주들을 동시에 꽉 안아 주었다.

다른 손님들도 다가와 축하 인사를 건넸다. 예쁜 포장지로 싼 선물과 지구인이라면 열어 보지 않아도 무엇인지 눈치챌 수 있는 작은 봉투를 내밀었다.

외계인들만 빈손으로 왔다. 그래서인지 일 원장이 수상한 눈초리로 외계인들을 힐끔거리는 것 같았다. 오로라는 잔치 국수를 후루룩거리는 라후드에게 물었다.

"지구인 잔치에는 선물을 가져와야 하나? 지구 문명 전문가, 알고 있나?"

115

오로라와 라후드는 당장 홍실 여사 곁으로 접근했다. 호리호리 행성 돌을 도로 빼앗아야 한다. 지구인들에게 외계의 흔적을 남기면 안 된다.

반짝이 여사는 한숨을 쉬었다. 반짝이도 다음 달이면 칠순이었다. 하지만 잔치는 못 한다. 돈이 문제였다.

여행 사기를 당하고 기분이 꿀꿀해서 쇼핑을 했는데, 비싼 옷과 액세서리를 너무 많이 사 버렸다.

"살 때는 기분이 엄청 좋았는데, 지금 보니까 너무 반짝거리고, 비싸기만 하고……. 괜히 샀나?"

반짝이는 치마를 만지작거리며 중얼거렸다. 사정도 모르고 홍실 여사가 친구의 손을 잡고 물었다.

"다음 달에 반짝이 너도 잔치할 거지? 우리 또 모이자."

반짝이는 잠시 망설이다가 사실대로 털어놓았다.

"난 못 해. 옷 사느라 돈을 너무 많이 썼거든. 같이 모여 노는 게 이렇게 재미있을 줄 알았으면 옷 안 사고 칠순 잔치나 할걸. 후회막심이다."

그러면서 평소답지 않게 한숨만 푹푹 쉬었다. 홍실은 반짝이의 기분을 풀어 주고 싶었다. 그래서 손을 위로 번쩍 들어 올리며 소리쳤다.

"그럼, 오늘 너도 칠순 하면 되지~! 얘들아, 오늘은 나와 반짝이의 잔치다. 우리 둘이 주인공이야~."

친구들이 반짝이에게도 축하 인사를 건넸다. 반짝이는 친구들에게도, 홍실에게도 무척 고마웠다.

홍실 여사의 칠순 잔치는 유쾌하게 끝났다. 짠지 여사는 집에 돌아오자마자 오래된 소파에 털썩 앉았다. 친구들과 했던 수다가 떠올라 저절로 웃음이 나왔다.

"오늘 홍실이 덕분에 기분 좋게 놀았네. 이제 내 돈도 좀 써 볼까?"

짠지 여사는 벌써 수십 년째 학생들을 위해 장학금을 기부하고 있었다. 자신의 모교인 고등학교와 합격했지만 돈이 없어서 못 다닌 대학교까지 장학금을 주고 있다. 돈이 없어서 하고 싶은 공부를 못 하는 심정을 누구보다 잘 알기 때문이다. 덕분에 고맙다는 편지를 수백 통이나 받았다. 그때마다 짠지 여사는 더 부자가 된 느낌이었다.

통 크게 기부금을 보내고 소파에 눕자 나른한 낮잠이 솔솔 몰려왔다.

돈으로 지구인을 행복하게 하는 방법

작성자: 도됴리

★ 지구인들은 축제도 좋아하고 잔치도 좋아함. 어떤 날을 정해서 축하하기를 좋아하는 것 같음. 호리호리 행성에도 적용해 보면 좋을 듯. 도됴리 탄생의 날, 도됴리 지구 도착의 날, 도됴리 귀환의 날 등을 정해서 잔치나 축제를 열면 재미있을 듯. 전부 기념일로 지정하자고 건의해야겠음!

★ 지구인들은 저번에 루이가 저녁을 사 준 곳만큼 예쁘고 재미있는 곳에서 잔치를 함. 맛있는 음식을 산처럼 쌓아 놓고 먹으면서 춤을 추고 노래도 부름. 주변에서 잔치를 많이 해서 도됴리를 자주 초대해 주면 좋겠음! 아니면 오로라와 라후드가 나를 위한 잔치를 열어 주길!

★ 잔치의 주인공은 선물을 받기도 하는데, 난 홍실 여사에게 호리호리 행성의 돌을 선물함. 호리호리 행성의 돌은 울적할 때마다 쓰다듬으면 기분이 좋아지는 물건이니, 축하 선물로 좋을 것 같았음. 하지만 오로라와 라후드는 화를 내며 어떻게든 돌을 되찾아 오려고 함. 아우린들도 호리호리 행성의 돌이 갖고 싶었나? 호리호리 행성에 돌아가면 아우레로 돌 선물을 보내야겠음.

돈이 행복의 전부는 아니다

- 돈은 생존에도 필요하지만 행복감을 느끼게 하는 데에도 중요함. 지구인들은 생일잔치를 하고, 카페에서 수다를 떨고, 놀이공원에 가고, 예쁜 옷을 사는 등의 활동을 하며 행복감을 느끼는데, 이것들을 하기 위해서는 돈이 필요함.

- 그래서 지구인들은 돈이 많으면 행복하다고 믿음. 평생 돈을 많이 벌기 위해서 공부하고 일하고 투자하고 아끼면서 사는 지구인들이 수두룩함. 하지만 돈이 많은데도 행복해 보이지 않는 지구인들도 많고, 가난해도 행복하게 살아가는 지구인들도 있음. 돈으로 지구인의 행복을 전부 살 수는 없는 것으로 보임.

- 지구인들이 실험을 통해 돈과 행복의 관계를 분석했음. 이 실험에 참가한 지구인들에게 자신의 연봉을 적은 후 삶의 행복도를 10점 만점으로 평가하고, 자신과 소득 수준이 다른 지구인들의 행복도도 예측하게 함. 그 결과 참가자들의 행복도는 소득이 일정 수준을 넘어가면 더 이상 증가하지 않았고, 소득이 적은 지구인과의 행복도 차이가 크게 나지 않았음.

- 게다가 지구인들은 돈이 많은 사람들의 행복도는 과대평가, 돈이 없는 사람들의 행복도는 과소평가했음. 실험 결과 소득이 어느 수준을 지나자 실제 행복도와 예측 행복도가 역전하는 현상이 나타났고, 소득이 낮은 지구인들 또한 다른 집단이 예측한 것만큼 스스로를 불행하다고 느끼지 않았음.

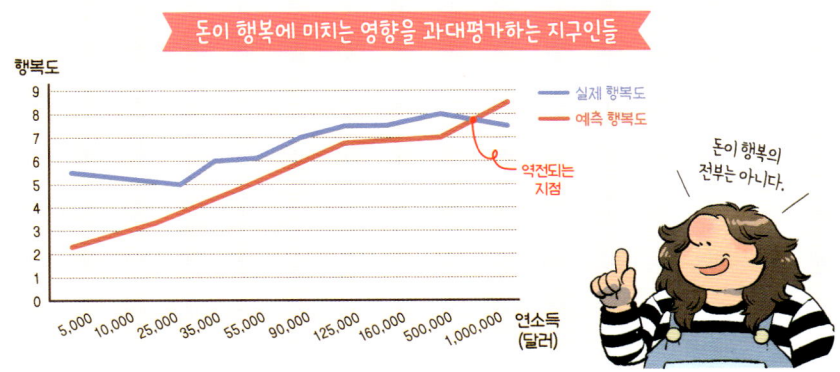

- 소득이 높아질수록 지구인의 행복도는 올라가지만, 어느 정도 수준을 넘어가면 돈이 주는 행복이 점차 줄어듦. 경제학에서는 소비를 통해 얻는 행복이나 만족감을 '효용'이라고 하는데, 이처럼 처음에는 크게 늘어나던 효용이 같은 상황의 반복으로 점점 줄어드는 현상을 '한계 효용 체감의 법칙'이라고 부름.
- 소득이 높아질수록 행복도가 올라가다가 어느 순간 줄어들고, 결국엔 멈추기까지 함. 멈추는 지점은 먹고 싶은 음식을 먹고, 만나고 싶은 친구를 만나고, 좋아하는 여가 생활을 하는 등 지구인이 하고 싶은 일들을 적당히 누릴 수 있을 정도의 금액인 것으로 분석됨.

지구인들에게는 돈을 써도 써도 행복할 때가 있다

- 지구인은 같은 돈을 써도 어떤 때는 행복해하고 어떤 때는 후회하기도 함. 행복하게 돈을 쓰는 대표적 방법 중 하나는 '경험을 구매'하는 것. 낯선 곳으로 떠나는 여행, 악기 배우기, 운동하기, 전시회 보기 등 지구인들은 새로운 경험을 위해 돈을 쓰는 것을 좋아함. 시간이 지날수록 가치가 떨어지는 물건과는 달리 경험은 시간이 지나도 새로운 의미와 추억이 되는 이점이 있음.
- 또한 자기 자신에게 쓰는 것보다 다른 지구인에게 돈을 쓰면 더 큰 행복감을 느낌. 지구인들에게 20달러를 주고 한 집단은 자기 자신을 위해, 다른 집단은 기부나 선물같이 타인을 위해 돈을 쓰게 함. 그 후 두 집단의 행복도를 비교해 보니, 두 번째 집단이 더 큰 행복감을 느낀 것으로 나타남(※보고서 59 참고).
- 지구인들은 돈을 얼마나 쓰는지가 아니라 어떻게 쓰는지에 더 큰 의미를 두고 고민하는 것으로 보임. 돈 앞에서는 이기적인 지구인들이 타인을 위해 돈을 쓸 때 더 만족감이 크다니, 지구인이 느끼는 감정은 정말 복잡함.

7

마음이 두근두근

"띠링."

친구들과 함께 하교하던 하나의 핸드폰에 알람이 울렸다.

핸드폰을 확인한 하나의 얼굴에는 환한 미소가 피어올랐다.

"왜? 뭔데?"

하나의 미소를 본 친구들이 물었다.

사실 하나도 대호의 고백을 기다리고 있었다. 옥상 계단에서 대호의 목소리를 들었을 때부터 마음이 설레었다. 그리고 학교에 전학 온 대호를 보자마자 반하고 말았다. 아직 대호의 마음을 몰라서 고백을 못 했는데, 이제는 알 것 같았다.

대호는 하나에게 자꾸 뭘 줬다. 시험 범위를 알려 줘서 고맙다고 음료수를 주고, 노트를 빌려줘서 고맙다고 사탕을 주고, 모르는 문제를 가르쳐 줘서 고맙다고 연필을 사 주고. 오늘은 기프티콘을 줬다. 그것도 커플 세트로. 이건 신호일까?

'대호가 날 좋아해서 줬겠지? 한번 떠볼까?'

대호는 이해할 수 없었다. 하나에게 잘 보이고 싶어서 용돈을 아껴서 기프티콘을 보냈다. 일부러 더 비싼 커플 세트를 보냈는데, 왜 화를 내지?

대호는 답답한 마음에 은근슬쩍 생선파 단체 메시지방에 메시지를 보냈다.

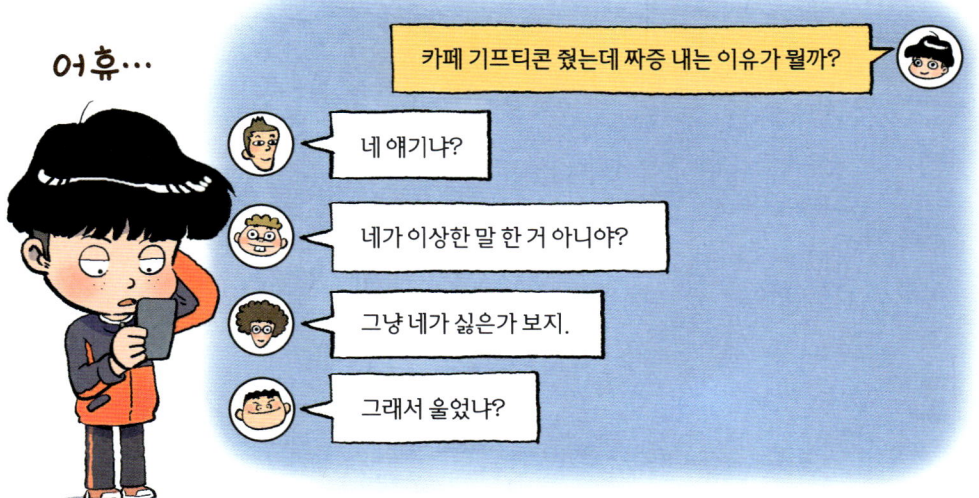

도움이 될 거라고 생각하지는 않았지만 정말로 생선파는 도움이 안 되는 말만 골라 했다. 피라냐도 아니면서 참치를 물어뜯고 놀리느라 정신이 없었다. 그래도 딱 하나, 쓸 만한 충고는 있었다.

고백을 하면 하나가 받아 줄까? 대호는 하나의 미소를 떠올렸다. 고백을⋯⋯ 받아 줄 것 같다.

아, 아니다. 고백을 받아 주지 않을 것 같다. 하나는 공부해야 하니까. 대학에 갈 때까지 절대 연애 금지라고 했으니까. 하나의 엄마이자 일등학원 원장 선생님은 하나뿐만 아니라 일등학원 학생 모두에게 연애 금지를 명했다.

시험이 끝난 주말, 생선파 아이들은 한껏 꾸미고 놀이공원 앞에 모였다. 잠시 후 하나도 한껏 꾸미고 나타났다. 최고와 도쿄리도 함께.

시험이 끝나서 그런지 놀이공원 앞에는 학생들이 특히 많았다. 생선파는 발을 동동 굴렀다. 우왕좌왕하며 줄만 서다 집에 가야 할지도 몰랐다.

대호는 시험 때도 세워 본 적 없는 계획을 짰다.

"뭐부터 탈지 정하고 움직이자. 줄 짧은 거 여러 개 탈래, 아니면 줄 길어도 재미있는 거 탈래?"

"당연히 재미있는 거!"

아이들은 한목소리로 대답했다.

"그럼 제일 먼저 익스프레스트레인을 타러 뛰어가자. 그다음 건너편에 있는 출렁라이드를 타고, 오른쪽으로 가서……."

하나는 전쟁을 지휘하는 장군처럼 지도를 가리키며 멋지게 설명하는 대호를 보며 감탄했다. 하나의 눈길을 느낀 대호의 목소리는 더 높아졌다.

이걸 탔다가 바로 이걸 타고….

놀이공원의 문이 열리자 생선파는 전략대로 첫 번째 놀이기구를 향해 우르르 뛰었다. 덕분에 줄을 짧게 서고 금방 탈 수 있었다.

꺄아아!

익스프레스트레인에서 내리자마자 아이들은 서둘러 출렁라이드를 향해 달렸다. 처음 타 본 지구의 놀이기구에 쏙 빠진 도됴리는 신이 나서 가장 앞장서서 달렸다

"끄아아아아~! 웜홀 비행보다 더 재미있다~!"

출렁라이드 앞에는 벌써 긴 줄이 늘어서 있었다. 놀이공원에 사람들이 더 많아진 탓이었다. 생선파는 얼른 줄을 섰다. 대호는 하나를 맨 앞에 세워 주었다.

"너무 무서웠어."

하나는 웃으며 몸서리쳤다.

"난 별로 안 무섭던데?"

대호가 멋진 미소를 씩 지으며 대답했다.

대호의 말에 생선파가 와르르 웃음을 터뜨렸다. 최고와 도됴리도 뭐라 끼어들었지만, 생선파와 하나는 자기들끼리 웃고 떠드느라 관심이 없었다.

"놀이기구는 타고 싶은데 줄 서기는 싫어."

"나도 줄 서기 싫어."

최고와 도됴리는 투덜거리다가 줄에서 빠져나와 다른 놀이기구로 달려갔다. 하지만 재미있어 보이는 놀이기구 앞에는 여지없이 긴 줄이 늘어서 있었다.

"놀이공원은 놀러 오는 거야, 줄 서러 오는 거야?"

최고와 도됴리는 툴툴거리면서도 결국 생선파들이 서 있는 줄로 돌아왔다. 줄을 서는 건 지루하지만 줄을 안 서면 재미있는 놀이기구를 아예 탈 수 없었다.
　그런데 이번 줄은 정말 길어도 너무 길었다. 아무리 기다려도 줄이 줄지 않는 느낌이었다.
　도됴리는 지루해서 몸부림을 쳤다. 놀이공원의 기구 하나를 타기 위해 이렇게 많은 시간을 버리며 기다리는 지구인들이 이해되지 않았다.
　그때, 두 지구인이 기나긴 줄을 자연스럽게 지나쳐 곧장 놀이기구 입구로 다가갔다.

"새치기다! 나도 새치기!"

도됴리가 그들을 따라가려 하자, 대호가 도됴리를 얼른 붙잡았다.

"새치기 아니야. 급행패스 산 사람들이야."

"부럽다, 급행패스……."

옆에서 하나가 말했다.

급행패스는 줄을 서지 않고 놀이기구를 바로 탈 수 있는 표다. 가격이 일반 입장권의 두 배가 넘어서 늘 용돈이 부족한 중학생들은 꿈도 꾸지 못하는 표였다.

"말도 안 돼. 줄은 우리가 서는데 급행패스 값은 놀이공원에서 받는다. 우리 시간을 뺏었으니 우리가 돈을 받아야지."

이번에는 도됴리가 불평했다.

"어, 그러네? 고생은 우리가 하는데 돈은 놀이공원이 더 버는 건가?"

생선파는 고개를 갸웃거렸다. 그동안 급행패스를 당연하게 생각했는데, 아닌 것 같기도 하고, 생각이 복잡해졌다. 하지만 하나는 딱 잘라 말했다.

"난 나중에 돈 많이 벌어서 급행패스 살 거야. 그러니까 상관없어."

"나도."

"나도 돈 많이 벌 거야."

생선파는 또 입을 모았다. 최고는 하나와 생선파를 쓱 훑어보며 물었다.

"나중에 돈 못 벌면 어떡할 거야?"

"야, 재수 없는 소리 하지 마!"

하나와 생선파는 말도 안 되는 소리를 하지 말라며 아우성쳤다. 하지만 속으로는 슬쩍 걱정되기도 했다.

그때, 또 한 무리의 사람들이 급행패스 입구로 들어갔다. 같은 또래의 중학생들이었다.

　아이들은 놀이기구를 딱 네 개 탔다. 놀이공원에서 여덟 시간 넘게 머물면서 놀이기구 하나당 두세 시간 줄을 선 것이다. 정작 놀이기구를 탄 시간은 합쳐서 20분도 안 됐다. 그래도 아이들은 엄청 재미있었다. 줄을 서는 동안 게임을 했고, 춤도 추고, 노래도 부르고, 웃으며 즐겁게 시간을 보냈기 때문이다. 오히려 놀이기구를 탄 시간보다 그 시간들이 더 기억에 남았다.

놀이공원에서 즐거운 시간을 보낸 하나는 집에 오자마자 대호에게 메시지를 보냈다.

에필로그

동물병원에서의 하루

이 책을 만든 사람들

정재승 기획

KAIST에서 물리학으로 학사, 석사, 박사 학위를 받았습니다. 예일대학교 의과대학 정신과 박사후 연구원, 고려대학교 물리학과 연구교수, 컬럼비아대학교 의과대학 정신과 조교수를 거쳐, 현재 KAIST 뇌인지과학과 교수로 재직 중입니다. 우리 뇌가 어떻게 선택을 하는지 탐구하고 있으며, 이를 응용해서 로봇을 생각만으로 움직이게 한다거나, 사람처럼 판단하고 선택하는 인공지능을 연구하고 있습니다. 쓴 책으로는 <정재승의 과학 콘서트>(2001), <열두 발자국>(2018) 등이 있습니다.

정재은 글

프로젝트를 진행하는 동안 때로는 아싸로, 때로는 라후드로, 때로는 오로라나 바바, 도도리로 끊임없이 정신을 분리하며 도서 전체의 스토리를 진행했습니다. 가 본 적 없는 아우레 행성과 직접 열어 본 적 없는 지구인의 뇌를 스토리 속에 엮어 내기 위해 엄청 열심히 공부를 해야 했습니다. 쓴 책으로 <똥핑크 유전자 수사대> <멘델 아저씨네 완두콩 텃밭> <미스터리 수학유령> 시리즈 등 다수의 어린이 책이 있습니다. 머릿속 넓은 우주가 어디로 펼쳐질지 모르는 창의력 뿜뿜 스토리텔러.

김현민 그림

일찍이 유럽으로 시장을 넓힌 대한민국의 만화가. 대학에서 산업디자인을 전공한 뒤 어릴 때 꿈을 찾아 만화가가 되었습니다. 프랑스 앙굴렘 도서전에 출품한 것을 계기로 프랑스 출판사에서 <Archibald 아치볼드>라는 모험 만화를 만들고 있습니다. 인간이 아닌 괴물이나 신기한 캐릭터 등 상상력을 발휘할 수 있는 그림을 좋아합니다. 몸은 지구에서 벗어날 수 없지만, 머릿속은 항상 우주의 여행자가 되고 싶은 히치하이커.

이고은 심리학 자문

지구인들의 심리를 과학적으로 설명해서 보여 주는 것이 취미이자 특기인 인지심리학자. 부산대학교에서 심리학으로 학사, 인지심리학으로 석사와 박사 학위를 받은 뒤, 강의와 연구를 하고 있습니다. 과학 웹진 <사이언스 온>에서 '심리실험 톺아보기' 연재를 시작으로 각종 매체에 심리학을 소개해 왔으며, <마음 실험실>(2019), <심리학자가 사람을 기억하는 법>(2022)을 펴낸 과학적 스토리텔링의 샛별.

뇌가 말랑해지는 시간
15권 미리보기

이것이냐, 저것이냐?
그것이 문제로다!
외계인들과 함께 보내는
뇌가 말랑해지는 시간!

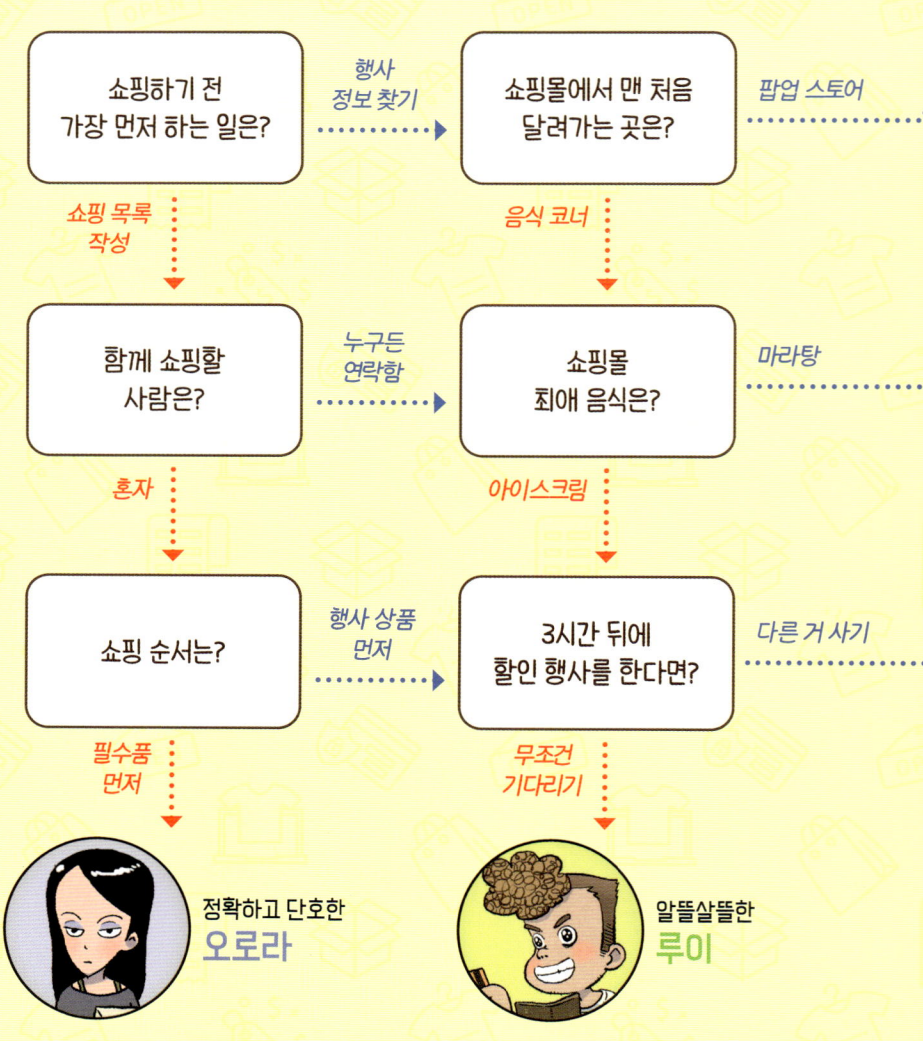

뇌가 말랑해지는 시간 1

```
[쇼핑 시간이 딱 한 시간밖에 없을 때]  --좋아하는 한 가지에 집중-->  [원하는 물건이 품절이다!]  --다음에 구입-->
        |                                                                    |
     뛰어서라도 다 본다                                                   대체품 구입
        ↓                                                                    ↓
[평소 갖고 싶었던 물건이 반값 할인 중!]  --무조건 산다-->  [시식 코너 음식이 너무 맛있다.]  --당장 구매-->
        |                                                                    |
     더 내릴 때까지 기다리기                                           쇼핑 끝날 때까지 고민
        ↓                                                                    ↓
[화장품을 사면 아이돌 포토 카드를 준다고?]  --계획에 없었으니 패스-->  [갑자기 돈이 생기면?]  --일단 저금하기-->
        |                                                                    |
     포토 카드 받기                                                     어디에 쓸지 생각하기
        ↓                                                                    ↓
```

실용성이 중요한 **바바**

이것저것 호기심 많은 **라후드**

미래에 대한 걱정이 많은 **대호**

 유행에 민감한 **유니**

 쇼핑으로 스트레스 푸는 **하나**

뇌가 말랑해지는 시간 2

돈은 어차피 벌거나 쓰거나!

돈 앞에서는 항상 손익을 따지는 지구인들의 가장 현명한 선택은?

Q1. 방학이 되었다!

Ⓐ 방학 동안 게임 안 하고 만 원 받기
Ⓑ 방학 동안 친구 안 만나고 만 원 받기

Q2. 외계인과의 이색 체험!

Ⓐ 만 원 내고 아싸와 귀신의 집 체험하기
Ⓑ 만 원 내고 라후드의 소똥 케이크 먹기

뇌가 말랑해지는 시간 2

여러분은 무엇을 선택하시겠어요?

Q3. 정 박사가 인간의 마음을 실험한다!

Ⓐ 50퍼센트의 확률로 만 원 받기
만 원을 받을지도 모르잖아!

Ⓑ 100퍼센트의 확률로 5천 원 받기
5천 원이라도 확실히 받는 게 이득이지!

Q4. 한 가지만 할 수 있다면?

Ⓐ 매일매일 집안일하고 용돈 많이 받기
열심히 해서 부자 돼야지!

Ⓑ 매일매일 놀고 용돈 하나도 안 받기
놀 수 있는데 돈이 왜 필요해?

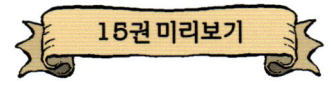

지구인들도 이해하지 못하는 마음을 외계인들은 받아들일 수 있을까?

누구나 지나갈 사춘기라는 시기

지구에서 평화로운 나날을 보내던 어느 날, 아우린의 귀에 의미심장한 대화 소리가 들려온다.

"요즘 들어 하나가 학교 갈 준비를 한 시간이나 해요. 하나 때문에 아침에 화장실을 쓸 수가 없다니까요~."

"대호도 갑자기 화장실에서 거울 보는 시간이 많아졌어요. 근육 만들겠다고 이번 달에는 헬스장까지 등록했고……."

이건 설마, 대호를 위험천만한 상황에 몰아넣었던 그것, 유니를 깊은 고민에 빠지게 만들었던 그것, 지구인을 외계인으로 보이게 만들었던 그것이 시작되려는 걸까?!

"또 시작이다."

"돌발 상황을 대비하여 항상 경계 태세를 갖추도록."

또다시 지구인 청소년들의 사춘기라는 비상사태를 맞닥뜨린 외계인들!

　안 그래도 이해하기 어려운 지구인의 마음은 사춘기에 들어서면 더 이해하기 어려워지는데……. 일등학원을 드나드는 사춘기 학생들은 물론이고 이웃집에 살고 있는 사춘기 중학생들까지 가득한 이곳에서 살아남기 위해 고군분투하는 외계인들. 설상가상으로 외계인들 앞에 또 다른 위기가 발생한다.

　귀환 우주선은 도대체 언제 오는 거지? 정체를 들키기 전에 빨리 아우레로 돌아가야 할 텐데!

　예측불허한 사춘기들 사이에서 외계인들은 오늘도 무사히 지구 생활을 이어 나갈 수 있을까?

　아니, 외계인 중에서도 사춘기를 맞이한 존재가 있는 것 같은데?

　아우린이 관찰하는 지구인의 **"사춘기"** 이야기가 15권에서 이어집니다.

다양한 SNS 채널에서
아울북과 올파소의 더 많은 이야기를 만나세요.

인스타그램　　페이스북　　네이버카페　　네이버포스트
@owlbook21　　@owlbook21　　owlbook21　　아울북 and 올파소

정재승의 인간 탐구 보고서
14 인간, 돈의 유혹에 풍덩 빠지다

기획 정재승 | **글** 정재은 | **그림** 김현민 | **심리학 자문** 이고은
정보글 백빛나 오경은 | **사진** getty images bank, Wikimedia Commons | **배경설계자** 김지선
펴낸이 김영곤　**펴낸곳** ㈜북이십일 아울북

1판 1쇄 발행 2024년 4월 17일
1판 5쇄 발행 2025년 11월 20일

기획개발 문영 오경은　**프로젝트4팀** 김미희 이해인　**디자인** 김단아
영업팀 정지은 한충희 장철용 강경남 황성진 김도연 이민재
제작 이영민 권경민

출판등록 2000년 5월 6일 제406-2003-061호
주소 (10881) 경기도 파주시 회동길 201(문발동)
대표전화 031-955-2100 **팩스** 031-955-2177 **홈페이지** www.book21.com

ⓒ 정재승·김현민·정재은, 2024
이 책을 무단 복사·복제·전재하는 것은 저작권법에 저촉됩니다.

ISBN 978-89-509-6851-9 74400
ISBN 978-89-509-7373-5 74400 (세트)

책값은 뒤표지에 있습니다.
잘못 만들어진 책은 구입하신 서점에서 교환해 드립니다.

- 제조자명 : ㈜북이십일
- 주소 및 전화번호 : 경기도 파주시 문발동 회동길 201(문발동) / 031-955-2100
- 제조연월 : 2025.11.20.
- 제조국명 : 대한민국
- 사용연령 : 3세 이상 어린이 제품

너와 나, 우리들의 마음을 이해하게 도와줄
첫 번째 뇌과학 이야기
정재승의 인간 탐구 보고서 (1~18권)

❶ 인간은 외모에 집착한다
❷ 인간의 기억력은 형편없다
❸ 인간의 감정은 롤러코스터다
❹ 사춘기 땐 우리 모두 외계인
❺ 인간의 감각은 화려한 착각이다
❻ 성은 우리를 다르게 만든다
❼ 인간은 타고난 거짓말쟁이다
❽ 불안이 온갖 미신을 만든다
❾ 인간의 선택은 엉망진창이다
❿ 공감은 마음을 연결하는 통로
⓫ 인간을 울고 웃게 만드는 스트레스
⓬ 인간은 누구나 더없이 예술적이다
⓭ 인간은 모두 호기심 대마왕
⓮ 인간, 돈의 유혹에 퐁당 빠지다
⓯ 소용돌이치는 사춘기의 뇌
⓰ 사랑은 마음을 휘젓는 요술 지팡이
⓱ 음식, 인간의 마음을 요리하다
⓲ 이야기 공장 뇌, 오늘도 풀가동 중!

인류의 과거와 현재를 이어 줄
아우린들의 시간 여행!
정재승의 인류 탐험 보고서 (1~10권)

완간

❶ 위대한 모험의 시작
❷ 루시를 만나다
❸ 달려라, 호모 에렉투스!
❹ 화산섬의 호모 에렉투스
❺ 용감한 전사 네안데르탈인
❻ 지구 최고의 라이벌
❼ 수군수군 호모 사피엔스
❽ 대륙의 탐험가 호모 사피엔스
❾ 농사로 세상을 바꾼 호미닌
❿ 안녕, 아우레 탐사대!